自分も後輩も一緒に育つ

若手公務員がはじめて仕事を教えるときの
一工夫
（ひとくふう）

芳賀健人 著

ぎょうせい

はじめに

　社会人になりたての頃、当時の上司に度々叱られていました。

「なぜこんな重要なことをすぐ報告しない！」
「前の指摘が直っていないけど、ちゃんと確認した？」

　あるとき、私は仕事で大きなミスをしてしまいます。恐る恐る上司に報告したところ、これまでになく叱られました。
　悪いのはもちろん自分。ただ当時は、自分に何が足りていないか、上司の意図や思いも汲めず、ただただ落ち込むだけでした。

　それから数年、はじめて後輩ができました。
　席を並べ、プロジェクトに２人で取り組みますが、後輩がするのは前年度の自分の仕事。そうすると、当然私のほうが詳しく、進捗が気になってしまいます。
「そういえば、依頼されていたあの案件どうなっているの？」
「あぁ……まだ手を付けていません」
「まだなの？　締め切り迫っているけど大丈夫？」
「上司から修正出たらどうするの？」
　こんな気まずい雰囲気になることもしばしば。今振り返ると、後輩が抱える業務の状況を把握せず、一方的に話していたように思います。
　一方で私自身も、プロジェクトが多忙となりピリピリしてきます。
　そんなある日、私は後輩がした失敗に対し、思わず大声を上げてしまいました。

　そのときの後輩の顔が、当時の自分を見るようでハッとします。
　自分の未熟さを反省するとともに、後輩をもつ立場になって、当時の上司の気持ちが少しわかった気がしました。

先輩・上司の背中から学ぶ

　入庁したての若手職員も、何年かすれば後輩ができ、そしていずれは上司という立場になっていきます。
　「自分が人の面倒を見ることができるのだろうか」、「先輩・上司って大変そう」と不安になるのもわかります。そこで本書では、若手時代からステップアップして先輩・上司について考えてみたいと思います。

　さて、皆さんはどういった先輩・上司になりたいですか。
　そう聞かれ、誰かの顔を思い出した方もいるかもしれません。考えてみると、目指す先輩・上司像を考える際、私たちは自然とこれまで出会った人たちを振り返っているように思います。
　私もそうでした。若手時代を過ごすなかで「こうなりたい！」と思える人に出会い、今はその方々から学んだことを実践しています。

　では、そんな「目指す先輩・上司像」って１つだけでしょうか。
　私たち公務員の仕事は幅広く、それに応じて求められる能力も変わります。たとえば、法令に基づくいわゆる“お堅い仕事”ではミスのない正確さが、観光・移住対策といった仕事では柔軟な発想力・企画力が重視されます。

　そうすると、組織としても多様な人材がいることで、さまざまなことに対応できる“厚みのある組織”になるのではと思います。先輩・上司もいろいろなタイプがいるほうがよいですし、もちろん、若手職員の皆さんも同様ですね。

　ならば、目指す先輩・上司像は人それぞれであり、皆さんの性格やこれまでの経験に応じて変わってくるのではないでしょうか。

そこで本書は、皆さんがさまざまな先輩・上司のなかから目指す姿を考えるきっかけになるよう、先輩・上司のエピソードを中心にお話を進めていきます。
　いわば「**先輩・上司の背中から学ぶ**」が本書のテーマです。

お互いを知ることも大切

　もう1つ、本書の裏テーマは「**お互いを知る**」です。

　若手職員の方々と話をすると、「上司との付き合い方が難しい」、「自分の上司のここが苦手」、そんな声を聞きます。また、後輩がいる方は「先輩としてどうふるまえばいいのだろう」といった悩みもあるようです。
　他方、上司の方々からは、「重たい仕事が多い」、「部下とのコミュニケーションの取り方がわからない」といった声も聞きます。

　私も皆さんと同じく、20代の頃は上司との関係で頭を抱えた時期もありました。後輩ともうまくいかずに悩んだことがあります。
　しかし、数年前に島根県に出向した際、課長をつとめる機会をいただきました。上司に不満を募らせていた自分が立場一転、部下との接し方で悩むようになります。そして東京に戻った今は、部下の仕事を見ながら自らも手を動かす34歳の課長補佐。まだまだ勉強の身です。

　そんな私ですが、先輩・後輩、上司・部下それぞれの立場を経験し、また、周囲の悩みを聞くにつれ、「もう少しお互いを知ることも大切ではないか」と感じたりしています。
　というのも、仕事は上司と部下がチームになって進めるもの。チームで成果を出すには、上司だけ・部下だけが気を遣うのでなく、互いを思いやり、同じ方向を向くことも必要ではないでしょうか。

そこで本書では、「部下目線では上司はこう見えている」、「上司は部下にこうしてほしいと思っている」、そんな要素も散りばめました。
　今すでに上司の立場の方には、仕事の仕方を振り返る機会になればと思いますし、若手職員さんには、上司の考えを知ることで、よりよい仕事につなげてもらえればうれしいです。

これからお話しすること

　それでは、本書の構成をご紹介します。

　第1章は「先輩として、後輩として」。
　社会人になって数年すれば後輩ができます。まずは、そんな後輩との付き合い方から考えてみます。

　第2章からはステップアップして上司編となります。

　まず、「目指す上司像」を思い描くため、視野を広げましょう。
　第2章「私が上司から学んだこと」では、私がこれまでどういった上司から仕事の仕方を学んできたかを紹介します。

　一方、すてきな上司ばかりとは限らないでしょう。
　第3章「合う上司もいれば合わない上司もいる」では、若手の皆さんが不満に思う声に耳を傾けてみたいと思います。

　そして、第4章「私なりの上司実践」では、私個人が上司として心がけていることをお話しします。「本当はここまでやりたいけど難しい！」、そんな上司の悩みも聞いてください。

上司の心がけの次は、部下の皆さんへ。
　第5章「上司から部下へのメッセージ」では、私が若手職員の皆さんに期待していることをお話しします。

　加えて、私以外の方々の先輩・上司エピソードもコラムとして多数紹介しています。仕事の仕方は1つではありませんので、多様な考えに触れるきっかけになればうれしいです。

3つのキーワード

　本書のキーワードは、前著『知っていると仕事がはかどる　若手公務員が失敗から学んだ一工夫（ひとくふう）』に引き続き、「多様性」「言語化」「成長」の3つです。

　まずは、「**多様性**」。
　多様な人材が組織の厚みをつくっていきます。皆さん自身にそれぞれの個性があるように、目指す先輩・上司像にもいろいろあってよいと思います。

　次に、「**言語化**」。
　時間をかければなんとなく身につく「仕事の仕方」は、言葉にすることで、より意識することができますし、習得が早くなります。
　先輩・上司から学んだことを「言語化」し、自身の仕事に取り入れてもらえればと思います。

そして、「**成長**」。

本書ではエピソードを多く盛り込むことで、皆さんがどういった先輩・上司になりたいか、成長のイメージができるよう心がけました。

ステージが上がるにつれ、その時々で悩みはありますが、できることが増え、やりがいも出てきます。本書が皆さんの成長を少しでも後押しできればうれしいです。

では、いよいよ本編に進みましょう。

思えば、前著は少し前の若手時代を振り返り、後輩世代に向けてお話ししました。他方、今回は、現在進行形で上司を実践している当事者としてのお話です。

ひょっとしたら、ベテラン管理職や幹部の方にとって違和感のある内容もあるかもしれません。ただ、悩んでいる皆さんと同じ立場だからこそ力になれるのではと、背伸びせず等身大でお話しできればと思います。

本書をきっかけに、先輩・後輩、上司・部下に関する皆さんの不安が少しでも軽くなり、前向きにがんばろうと思ってもらえればうれしい限りです。

それでは、よろしくお願いします。

はじめに

第1章
先輩として、後輩として

> 自分もまだまだ若手だと思っていたら、後輩ができた！どう接すればいいの？

1．先輩と上司、何が違う？ ……… 14
2．仕事を教えてくれた先輩たち ……… 15
Episode 1　基礎の基礎から教えてくれた先輩
Episode 2　自分はどうしたいか聞いてくれた先輩
Episode 3　忙しいのに相談に乗ってくれた先輩
3．私なりの心がけ ……… 18
（1）相談しやすい先輩を目指す
（2）できなくても許す
（3）気負わない、無理をしない
4．先輩として、後輩として ……… 20
私の先輩・後輩エピソード ……… 21

第2章

私が上司から学んだこと

> まずは
> さまざまな上司から
> 「目指したい上司像」を
> 思い描こう

Prologue	上司の仕事をどう捉える？	26
Episode 1	指導熱心だった上司	27
Episode 2	どっしりと構える上司	31
Episode 3	わからないことはわからないと言ってくれた上司	34
Episode 4	穏やかで誠実な上司	40
Episode 5	ムードメーカーだった上司	43
Episode 6	クールな上司	45
Episode 7	推進力の強い上司	47

紹介させて、私の上司！　その1 ……………………… 36
　　　　　　　　　　　　　その2 ……………………… 50

第3章

合う上司もいれば合わない上司もいる

> 「合わない上司」は
> 何を考えている？
> 気になるところも学びに
> 変えよう

Case 1	厳しい、怖い！	57
Case 2	発注では何も言わなかったのに…	59
Case 3	このタイミングで資料修正？	60

Case 4	ちゃんと見てほしいのに…	63
Case 5	話を聞いてほしい…	64
Case 6	とはいえ、合わない上司はいる	67
Case 7	「合わない上司」の背中から学ぶ	69

第4章 私なりの上司実践

上司の背中から学んだことをどう実践するか。悩みも含めてお話しします

1．プレイヤーとしての心がけ　72
（1）若手時代の基本は変わらず大事
（2）段取り・スケジュールは一層大切に
（3）比重が増していく企画・立案
（4）仕事相手とは誠心誠意
（5）説明するランクが上がる
（6）外の世界に関心をもつ
（7）ときには泥臭い仕事も

2．マネージャーとしての心がけ　90
（1）若手時代から発想を変える
（2）部下が動ける依頼の仕方
（3）見守る気持ちで進捗管理
（4）どうする、部下からの協議・相談
（5）上司になっての心持ち
（6）部下とのコミュニケーション
（7）褒める・労うは意識して
（8）注意するのは難しい

皆さんの上司実践　その1　86
　　　　　　　　　その2　109

3．心がけたいけど…新米上司の一苦労 ……………… 113
　（1）忙しい！
　（2）仕事の依頼って難しい！
　（3）部下との接し方で悩む！
　（4）妙案が思いつかない！

第5章 上司から部下へのメッセージ

> ときには部下の成長を思って声をかけてみませんか？

（1）心身ともに健康を心がけよう …………………… 123
（2）日々の積み重ねを大切にしよう ………………… 124
（3）自分なりの考えをもとう ………………………… 125
（4）自分の仕事は自分でマネジメントしよう ……… 126
（5）チームで働く意識をもとう ……………………… 127
（6）失敗や苦労も糧にしよう ………………………… 128
（7）チャレンジして引き出しを増やそう …………… 129
（8）個性を磨き、伸ばそう …………………………… 130
（9）仕事に誇りをもとう ……………………………… 131
部下への寄せ書き …………………………………… 132

おわりに ………………………………………………… 134

付録　読書のおさそい ………………………………… 139

イラストレーション／小林由加里
本文・図版デザイン／工藤公洋
DTP／G-clef（山本秀一、山本深雪）

第1章

先輩として、後輩として

社会人になって数年経てば、上司になっていなくても後輩ができます。

同じ職場で「面倒をみてあげてね」と頼まれるかもしれませんし、後輩から相談を受けることもあるでしょう。メンター制度を導入しているところでは、メンターになった方もいるでしょうか。

「まだ自分のことで精一杯なのに、後輩の指導なんて……」と不安になるのもわかります。

そこで本章では、どんな先輩を目指すか考えてみましょう。

1. 先輩と上司、何が違う?

まず、先輩・後輩と上司・部下の関係の違いを考えてみます。

上司・部下は、仕事の指揮命令の関係にあります。上司は部下の仕事に責任をもちますし、そのため部下に指示をします。部下は上司の指示や判断を仰ぎ、それに基づき行動します。

一方、先輩・後輩は、必ずしも仕事の指揮命令の関係にあるわけではありません。後輩にとって上司は別にいますが、その上司への協議の仕方など、先輩は相談にのってあげる存在です。

いわば、上司・部下が「タテの関係」であれば、先輩・後輩は「ナナメの関係」。

先輩・上司をともに経験している私としては、先輩・後輩の関係は、責任をとるわけではないので、やわらかいイメージです。上司には自分なりに検討を重ねて協議する一方、先輩には「こんな感じで悩んでいて」と十分に検討できていない段階で相談することもあります。

```
        上司
         ▲
         │ タテの関係
         │      先輩
         ▼    ↗
        部下  ナナメの関係
        後輩
```

2. 仕事を教えてくれた先輩たち

　そんな「ナナメの関係」である先輩方に、若手時代の私は何度も助けてもらいました。

Episode 1　基礎の基礎から教えてくれた先輩

　社会人1年目は長崎県に赴任しましたが、当時の私はわからないことだらけでした。

　飛び交う言葉がわからず、聞いた単語も頭で漢字変換ができません。引き継ぎは受けたものの、前任者も忙しくて質問しにくい。他方で、上司にもなかなか相談に行きにくい状況でした。

　そんな「わからないことが何かがわからない」状態の私にとって、隣

の席の先輩は本当にありがたい存在でした。

　先輩も自分の仕事があるものの、隣で私が「？」を顔に浮かべていると、「どうしたの？」と声をかけてくれました。わからないことを伝えると、「これはね、こういうものなの」と説明してくれます。ただ、私も聞きながら、わからない言葉が追加で出てきます。そうすると「わかった？」と確認してくれ、わからない言葉をさらにかみ砕いてくれます。

　また、基本的な仕事の仕方も、その先輩に教えてもらいました。
　仕事がたくさん降ってきて頭を抱えていた私には、「まずはやることを書き出してリストにしてごらん」、「そこから全体を見て優先順位をつければいいよ」と言ってくれました。
　電話のやり取りも隣で聞いていてくれたり、敬語の使い方も何度も直されたりしました。覚えたての方言を意気揚々と使っていると、「その使い方、間違っとるばい」と突っ込まれたことも。

　ただ、先輩は上司ではないので、仕事の最終判断はしません。
　自分のミスがきっかけでトラブルが起き、私が思い詰めたときには「早く上司の○○さんに相談してきなさい」と促してくれました。そして叱られた私を見て、帰りに飲みに誘ってくれたのもありがたかったです。

Episode 2　自分はどうしたいか聞いてくれた先輩

　先輩に何でも聞いていた私ですが、少しずつ、仕事の仕方がわかってきて、自分なりに考えるようになります。

　次に出会った先輩は、そんな私の考えを尊重してくれる方でした。
　その先輩とは別の係で、仕事で関わることは多くはありません。しか

し、優秀な方で人望も厚く、よく周囲から相談を受けていました。

　私も、自分の仕事で方針に悩んだときに足を運びます。
　「こういう案件があって、AにするかBにするか悩んでいます」と話をすると、必ずと言ってよいほど「芳賀君はどうしたいの？」と自分の考えを聞かれます。
　「私はBがいいと思うのですが、上司にちらっと話をしたらAと言われてしまいました」「なるほどね。じゃあ、こうすればいいのではないかな」
　最初の先輩が手取り足取り教えてくれたのに対して、この先輩は、まず私の考えを聞いて、そこから、その考えが妥当か第三者の視点でアドバイスをしてくれました。

　一方、自分の考えを聞かれても、「いや、自分の案を考えるまで、まだ検討が至っていなくて」というときもあります。そんなときには、どういう切り口で考えればよいか、アイデアを出してくれました。

　何より、笑いながら話を聞いてくれる温かい姿勢に、不安な気持ちが払拭されることが多く、相談後は、自分に自信をもって上司との協議に臨めていました。

Episode 3　忙しいのに相談に乗ってくれた先輩

　東京に戻って、仕事は一層忙しくなります。
　加えて、異動ごとにはじめて経験する業務にぶつかり、そのたびに、先輩にわからないことを聞いていました。
　もちろん、先輩方も忙しい。なんなら私よりも忙しいはずなのに、親身に相談に乗ってくれます。メールやチャットで「相談があるのですが」

と切り出しながらいろいろ書くと、「少し待ってね」と返信があり、その後、先輩が落ち着いたタイミングで声をかけてくれます。

　また、私が夜遅く、慣れない業務で発生した大量の資料準備に嘆いていると、「どうしたどうした。そんな顔して」と先輩たちがやってきて、手分けして手伝ってくれました。
　私が恐縮していると先輩は、「自分も最初苦労したから、芳賀君のしんどさもよくわかる。だから、若い子には同じところでつまずいてほしくない」と言いました。「その考えが根底にあるから親身に接してくれるのか」と心の広さを感じ、自分もそんな先輩になりたいと思いました。

3. 私なりの心がけ

　そんな先輩たちに出会えた若手時代でしたが、冒頭で話したとおり、後輩との関わりでは失敗もしました。そうした経験も踏まえ、先輩として私なりに心がけていたことは、次の3点です。

(1) 相談しやすい先輩を目指す

　まず、後輩にとって「相談しやすい先輩」を目指していました。
　自分もわからないことばかりで困った経験がある以上、後輩の力になりたいと思っています。ただ、後輩からすれば、一度冷たくされると、足が遠のいてしまいますし、次に相談するときに身構えてしまいます。

　そこで、相談に来てくれたときには、やさしく親身になって接しよう

と心がけていました。
　必ずしも毎回丁寧に対応できるわけではありません。自分自身が忙しいときには、「ちょっと今バタバタしているから、また声かけるね」と伝え、あとで落ち着いて話を聞ける時間を確保するようにしました。

(2) できなくても許す

　後輩は当然、自分より経験が浅いですし、知識量も差があります。また、違う人間同士、キャラクターも異なるでしょう。

　そのため、後輩が自分の思うとおりに動かなかったとしても、「なんでできないの？」と苛立つことなく、許す気持ちをもって、ゆっくりと見守ろうと思うようになりました。

(3) 気負わない、無理をしない

　そして何より、「完璧な先輩にならなくては」と気負わないようにしていました。
　後輩の面倒を見る以前に、自分自身も若手職員。指導経験が豊富なわけでもないので、後輩との接し方で失敗することも多々あります。

　完璧な先輩を目指すより、失敗したら「ごめんね」と言える関係をつくるほうがいいのかなと思いました。
　また、わからないことを聞かれたら、無理に知っているふりをせず、正直に「自分にはわからないので、上司に相談してみて」と伝えていました。自分にできる範囲で力になる、ということかと思います。

4. 先輩として、後輩として

　最後に、先輩という立場になっても、組織のなかでは、まだまだ後輩ということもあります。たとえば、課長補佐になっても、新米の私は同じく課長補佐の先輩に相談することが多々あります。逆に後輩に対しても、自分がわからないことがあれば聞きに行きます。

　そう考えると、私たちは、基本的には上司・部下の「タテの関係」で方針を決定しつつ、ときには先輩・後輩の「ナナメの関係」の力も借りながら、仕事を進めているのではないかなと思います。

　なので、先輩・後輩とはよい関係を築きたいところですね。
　個人的には、忙しい時間を割いて相談に乗ってくれる先輩・後輩に対して、「ありがとうございます！」と感謝の気持ちを忘れずに伝えるよう心がけています。

　一方、いただいたアドバイスは大変ありがたいのですが、あくまで担当者は自分です。
　先輩も忙しければ十分に考えられずに間違うこともありますし、自分と考えが異なることもあるでしょう。私も先輩として、そういった経験があります。
　そのため、ありがたく話は伺いつつも、最後に決めるのは担当者であるということは頭に入れておきたいと思っています。

＃タテの関係・ナナメの関係　＃基礎の基礎から教えてくれた
＃まず自分の考えを聞いてくれた　＃同じところでつまずいてほしくない
＃相談のしやすさ　＃できなくても許す　＃気負わない、無理をしない
＃感謝の気持ちを忘れずに　＃でも最後に決めるのは自分

私の先輩・後輩エピソード

このコラムでは、筆者のもとに届いた先輩・後輩エピソードを紹介します。さまざまなエピソードに触れながら、どういった先輩になりたいか考えるきっかけになればうれしいです。

後輩として

相談を受け止める安心感

私の先輩は、相談するといつも「作業の手を止め」、「こちらを向き」、「顔を見て」話を聞いてくれます。そうされると、相談を切り出す前から受け止めてもらっている安心感があります。

自分はおろそかになりがちな習慣なので目標にしています。

立場が違った先輩の助言

私が予算要求をしていたときに、査定側にいた先輩の話です。お互い立場が違うため、どうしても対立してしまう仕事。当時、要求に不慣れだった私は、思ったように交渉できず悩んでいました。

そのとき、先輩から「どちらかが100対0で正しいなんてない。まずはメリット・デメリットを書き出して、そこから一番いい案を考えよう」と提案がありました。厳しい交渉が続いていた場面でその言葉が支えとなり、ベストアンサーとなる落としどころを見つける議論ができました。

後日、先輩と飲み会で一緒になった際にその話をすると、先輩も過去に私と同じ業務で悩んだ経験があったとのこと。当時は、逆の立場にいながらも私に寄り添い、かつ育てる意味で提案してくれたのかなと思います。

わからなかった気持ちを忘れずに

前任者の先輩は、マニュアルやto doリストなどの手順書を残してくれる方でした。資料やデータもしっかりと整理されていて、それを見るだけで仕事を進めることができました。

思えば、異動したての頃は「わからないことがわからない」状態ですが、仕事に慣れてくるとその気持ちも忘れがちです。後輩のことを思い、誰でも同じパフォーマンスが発揮できる環境を自発的につくっていることに驚かされました。

私の先輩・後輩エピソード

後輩として

「先輩の芸風」がお手本に

　その先輩は、声かけとお願いが上手な方でした。決裁で回ってきた資料を読んでは「いやあ、よくやったね〜」と声をかけてくれ、仕事に弾みがつきます。また、仕事で悩んでいると、「どうしたどうした？」、「毎日遅いけど大丈夫？」、「私もそれやったことあるよ、大変大変！」と自然な声かけをしてくれ、安心感があります。

　一方で、先輩自身も困ったことがあると、「ちょっと誰か助けて！」、「ごめんね、頼むよ」と周囲に声をかけます。先輩の人柄もあってか、そう頼まれると不思議と嫌な気持ちにはなりません。

　ちょっとお節介な一面もありますが（笑）、周囲の雰囲気を明るくする方でした。今はその先輩のようになりたいと、私の芸風のお手本にしています。

先輩として

普段からの声かけを意識

　後輩がよく話すタイプだとわかりやすいのですが、普段物静かで自分から話さないタイプだと、仕事が順調か把握しづらいです。私自身も、忙しいと声をかける余裕がなくなることがあるので、普段から意識して声をかけるようにしています。

「あの仕事やった？」

　後輩の面倒を見ていると、進捗を聞くタイミングが難しいと感じます。「今やろうと思っていたのに」と思われないか気になって聞けずにいると、本人は忘れていたりすることもあります。本当は自然な会話の流れで声をかけられたらいいのですが……。

● 先輩として

年の離れた後輩と

　ある年の4月、年が離れた新規採用の後輩ができました。新規採用職員研修が終わって職場に戻ってきた後輩に、「研修どうだった？」と尋ねてみたところ、「どうって……？」と逆質問されてしまい、とっさに言葉が出てきませんでした。

　ただ、悪気がないのはすぐにわかったので「研修を受けての感想が聞きたくてね。同期と仲よくなったとか、仕事のイロハを学んだとか、感じたことを何でも話してくれたらいいよ」と伝えると、いろいろと話をしてくれました。

　お互いの関係ができていれば、違う返答をしてくれたのかもしれませんが、よく考えれば会話の回数もまだ数えるほどでしたし、私がもう少し具体的に聞いてもよかったのかなと振り返りました。

先輩もあらためて勉強

　後輩ができ、「これってどういうことですか？」と基本的なことを聞かれることがあります。その質問が、これまで自分がちゃんと考えずに「そういうもの」となんとなく流していたことだったりすると、うまく説明できなかったりします。後輩にちゃんと教えられるよう、あらためて自分自身の勉強の機会になっています。

アンテナの高い後輩に

　以前、私が自分の担当業務の議会対応・幹部協議について上司と話をしていると、職場の後輩が、横目で資料を眺めたり聞き耳を立てていたりしていて、なんとなく興味をもっている様子でした。

　そこで後輩の負担にならない程度に、可能な範囲で資料を共有して教えたり、幹部協議に同席するよう誘ってみたりしました。

　すると、後輩は刺激を受けたのか、自分の担当業務も議会でどう議論されているか過去答弁を確認したり、上司が幹部に説明するための資料作成で工夫をしたりするようになりました。

　普段の仕事ぶりがワンランクアップしたように感じ、上司・部下でなくとも、先輩として後輩の仕事に影響を与えられるのかと気が引き締まりました。

第2章

私が上司から学んだこと

ここからは上司編です。これまでご一緒した上司は、静かな方や元気な方、どっしり構える方と人柄もさまざまでした。そんな上司の方々から学んだことを、7つのエピソードに分けて紹介したいと思います。

Prologue 上司の仕事をどう捉える?

　さて、最初のエピソードの前に、あらためて上司の仕事を考えてみたいと思います。
　たとえば、担当―係長―課長補佐―課長という職場であれば、はじめて部下ができるのは係長のとき。その仕事を考えていくと、大きく2つの側面に分かれるように思います。

　1つ目は、マネージャーとしての側面。
　ここでは、部下の業務管理を指してマネジメントという言葉を使っていきます。部下から仕事の協議を受けたり、指示や指導をしたりと、部下から見える上司をイメージしてみてください。

　2つ目は、プレイヤーとしての側面。
　係長になったとしても、上には課長補佐、課長がいます。部下におろさない担当業務をもっていたり、自分で手を動かして資料作成・説明したりする場面も多いのではないでしょうか。

　特に、係長や課長補佐のような立場は、いわばプレイングマネージャーとして両方の役割が求められることもあります。自分の業務だけだった若手時代から、部下の面倒を見ながら自分の業務も抱える立場へ

と変わるので、なかなか大変です。

　一方、課長になれば自ら手を動かすことは減りますが、幹部や議会へ説明する場面が出てきます。大切な交渉なら、自ら率先して調整する場面もあるでしょう。
　そう考えると、役職が上がるにつれマネジメントの割合は高くなりますが、プレイヤーの部分は一定程度残るように思われます。

　この後のエピソードでも、それぞれの側面を意識して話をしようと思いますので、よろしくお願いします。

Episode 1　指導熱心だった上司

　最初のエピソードの上司は、部下の育成に思いがあり、指導熱心な方でした。ご一緒した間に教えていただいたことは、今の仕事の基礎になっています。

①「見て学ぶ」際のプラス一言

　私がその上司のいる部署に異動した直後、上司の議員レクに「一緒に来るかい？」と誘われました。異動直後なので知識も十分でなかったのですが、「見ること自体が勉強だよ」と言われ、後ろをついていきました。
　議員レクでは上司が落ち着いて説明をします。議員さんからの質問にも、丁寧にかつ的確に答えておられました。
　レクの帰り道、上司から「どうだった？」と聞かれ、私なりの感想を

伝えます。そうすると、「レクのときはこういうことを考えていたんだ」、「質問されても、焦らず落ち着いて答えるのが大切。安心感を相手に与えることを心がけるように」と、上司自身が何を考えていたか、プラス一言を付け加えて教えてくれました。

　仕事の仕方は見て学ぶことも多く、上司はそれをしっかり意識づけてくださりました。また、こうしたプラス一言で見たものに意味づけがされると、言葉として認識されて学びが高まりました。「言語化」ですね。
　おかげで私は、上司に限らず、ほかの方の説明を注意深く観察するようになり、いいなと思ったところを積極的に吸収するようにしています。

　ただ、上司の立場になった今、プラス一言を、その場でとっさに言おうとしてもなかなか難しいと感じます。日頃から意識していないと自分のなかで言語化されないなと思い、あらためて上司のすごさを感じました。

② 様子を見ながら仕事を発注

　その上司とは、ある制度改正に取り組んでいました。
　とはいえ、異動直後で制度改正の経験もない私は、知識も十分でありません。幹部協議に同席しても、議論のスピードに頭がついていかず、内容を半分も聞き取れませんでした。

　そこで上司は、はじめ、現行制度をまとめるといった、私にもできる作業を発注し、頭を使う論点整理は上司自ら手を動かしていました。
　一方、ご自身が作成した資料を「読んでおいてね」と私に渡します。それを通じて次第に私が追いついてくると、協議の様子を見ながら、頭を使う業務も発注するようになりました。

③ 実践を積ませる

　仕事では、部下である私に積極的に実践を積ませてくれました。
　たとえば、課長協議も最初は同席してくれていましたが、途中からは「1人で課長に説明しようか」と言われ、重要な案件以外は、基本的には1人で課長に説明し、それを上司が自席で聞いているようになりました。

　実際、1人で説明するとなると、「どういう順序で説明するか」、「こう質問されたらどう返そうか」と当事者意識が出て真剣に考えます。逆に言えば、上司が一緒だったときの自分は、上司任せで若干の甘えがあったなと反省もしました。
　こうした実践の積み重ねが、スキルアップにつながったのだなと実感しています。

　また、先の制度改正が終わったある日、外部から制度改正について研修で話してほしいと依頼がありました。
　そのとき、上司は、「この制度改正を担当者として取り組んできたのは君であり、君が一番詳しいはず。自分が作ったものを、どう一般の方に理解してもらうか、勉強と思ってやってきなさい」と言って、任せてくださりました。
　私にとっては、その言葉が励みになりました。「どういった資料なら理解してもらえるかな」、「聞き慣れない専門用語は控えたほうがいいかな」など自分なりに考えて研修に臨み、終了後、事務局の方に「わかりやすい説明でした」と言ってもらったときは、手応えと自信がもてました。

④ さらっとお礼を言える

　一方、プレイヤーとしての上司は、とにかく仕事が早いです。

　協議では、ゴールを念頭に置きながら、そこに至るために押さえるべきポイントを絞って質問なさるからか、判断が早い。上司と話した際も、「仕事の仕方には、①判断が誤らないよう、詳細まで深掘りして細かく検討する方法と、②要点を押さえ、大量の案件を効率的に処理する方法があるが、自分は後者が得意」と言っておられました。

　また、作業スピードも速く、気づけば資料が完成していることもしばしば。これは「20代の頃、大量の資料作成をするなかでスピードがついたもの」とのことでした。

　そのため、協議に時間をかけることはあまりなく、ワーク・ライフ・バランスを重視して早く帰られていました。テレワークも積極的に実践されており、働き方の面でも勉強になっていました。

　自分も上司の立場になって、部下を育てることを一層意識するようになりました。自分がしてもらったことを後輩世代に返す意味も込め、意識的に部下と仕事の仕方に関するコミュニケーションを取るようにしています。

Episode 2 どっしりと構える上司

① 動じず、堂々と

　この上司との1年間は厄介な仕事が多かったのですが、とにかく動じません。急な相談でバタバタと上司のもとに駆け込んでも、焦ることなく堂々とされており、自然とこちらも安心感がでます。

　協議では細かいことはあまり気にされません。その代わり、「方針はどうなのか」ということを、必ずと言っていいほど聞かれました。
　そのため、その上司に相談するときは、自分なりの案を考える癖がつきました。また、最初に全体のストーリーを頭に入れてもらったほうが、協議がスムーズに進むと思い、「概要ですが、こういった案件が来ています。いつまでにどこまで了解をとるか方針を決めたいため、内容を相談させてください」と、資料を読んでもらう前の一言目に気をつけるようにしました。

② 一度決めたら背負う

　そして、部下の相談を踏まえて判断したら、それを背負ってくれます。
　幹部に対して主張すべきことはしっかりと主張してくれるのはもちろんのこと、他課の大先輩から上司に直接抗議があったときも、「私が部下から聞いている話はこうです。そちらの認識が誤っていませんか？」と堂々と伝えてくれ、その姿を頼もしく感じました。

　また、どっしりと構えておられるので、交渉も強いです。下手に出る

ことはせず堂々と、ただ、相手の話はしっかり聞き、難しいことは難しいと伝え、歩み寄れるところは妥協点を提案していました。

あるとき、課のプロジェクトが仕事相手と激しくもめたときがありました。そのときの交渉は、部下から見てかなり大変そうでしたが、上司はお互いに腹を割って話すため、部下を同席させず1人で背負い、相手と2人っきりで何度も会って交渉を進めていました。

その背中は今でも覚えています。

③ 任せたら、見守る

実は、この上司とは2回ご一緒しました。

2回目のとき、私は課長補佐で、外部の団体と難しい交渉をしていました。「この方向でいこう」と思っていたものが、団体に説明したら大反対。ギリギリのスケジュールで進めていたため、私はかなり深刻な顔をしていました。

そこで、上司に「あらためて説明に行かなくては」と相談したところ、上司から「芳賀君、行ってごらん」と言われました。

一瞬、「上司が一緒に行ってくれないのか」と頭をよぎります。しかし、先ほどのとおり、上司も私の立場だった頃、同じように1人で背負っていたことを思い出し、自分の職責を果たそうとすぐに襟を正します。

ただ、任せるだけというわけではありません。

「いいか、相手に対してはとにかく誠意を尽くしなさい」

「交渉の過程で相手からいろいろ言われるだろう。そのときはここまでは交渉カードを切っていいぞ」と、アドバイスをいただきます。

そして、「まあ、芳賀君がダメだったら、翌日俺が行くから。気負いすぎずがんばってこい」と背中を押してくれました。

その言葉に勇気づけられ、1人で団体に足を運んで誠心誠意説明をします。そうして相手の理解が得られた際には、「よくやった。今度ビールおごってやる」とほめてくれました。

④ さらっとお礼を言える

　どっしりした方ではありますが、気遣いをしてくださる温かな一面もあります。

　その上司と一緒に働いた後、他部署に異動したときのことです。
　ある担当者が、私がかつて在籍していた部署ともめたことがあり、そのとき、私が陰でそっと助け船を出したことがありました。
　すると、かつての部署の方が上司にその件を伝えたらしく、翌日、上司がふらっと私の席に現れて、「昨日助けてくれたんだってな。ありがとう」とお礼を言われました。
　こうしたお礼をさらっとできるのはすてきだなと、その気遣いにうれしくなりました。

　部下に愚痴を言うのも1、2回しか見たことがなく、人格的にも尊敬していました。仕事を発注する際にも、「君を見込んで任せるんだけどね」と一言添えてくれることがあり、俄然、やる気が出ました。人の心をつかむのが上手な方です。

Episode 3　わからないことはわからないと言ってくれた上司

①　すべてわかっていないとダメ？

　「ごめんね。私、そもそもこの制度をよくわかっていないから、基本的なことから聞いてもいい？」。上司と協議した際、そう言われたことがあり、「上司もわからないことはあるのか」と思いました。

　若い頃は「上司は自分以上の知識があるもの」と思っていましたが、考えてみると、上司も部下と同じく人事異動があります。
　また、上司は複数人の部下の業務を担当します。扱う幅が広ければ、必ずしも担当ほど業務に精通しているとは限りません。

　私も上司になってから、知らないことが多いと感じます。それなのに、部下からの説明を聞いて、知ったかぶりをしていると、幹部に説明する際に矛盾を指摘され、撃沈してしまいます。

　もちろん、年を重ねると聞きにくくなる気持ちもわかります。ただ、結果的に部下に迷惑をかけることになるので、恥ずかしい気持ちがあっても、わからないことは聞いたほうがよいのではと感じます。

②　部下と一緒に戦う

　一方、初見でわからなくても、その上司は聞いたことは理解し、方針を相談すると、しっかりと判断してくれました。
　その仕事ぶりを見ていると、題材は変わっても、判断する基準・物差

しは毎回変わるものではないのだなと感じます。「どっちの案のほうが社会をよりよくできるだろうか」、「そもそもこの制度はどうあるべきなのかな」、「とはいえ、この方針でちゃんと進められるかな」、それらの基準・物差しは、間違いなく、上司のこれまでの経験で培われたものでした。

もちろん、題材についても、「わからないことばかりではいけない」と言いながら、隙間時間を見つけて勉強しており、すぐにキャッチアップされていました。

そして、ご自身が決めたことは、その方針を通すために部下と一緒に戦ってくれる方でもあります。

部下にとっては、上司が一緒に戦ってくれるのは大変心強いです。幹部に対しても上司が先陣を切って説明してくださり、席を並べながら「この上司を支えないと」とその後の質疑でがんばりました。

この上司に出会い、仕事は部下と一緒につくり上げていくものと思えました。上司の立場になった今も、部下との関わり方の参考になっています。

#マネージャーでありプレイヤー　#「見て学ぶ」際のプラス一言
#様子を見ながら仕事を発注　#実践を積ませる　#軽やかに、早い
#動じず、堂々と　#一度決めたら背負う　#任せたら、見守る
#さらっとお礼を言える　#上司もわからないことはある
#判断する基準・物差し　#部下と一緒に戦う

紹介させて、私の上司！ その1

ヒアリング前の一言

　以前、上司と2人で、外部の団体に説明・意見を伺いに行ったことがあります。その移動中、上司から「私がどう説明するか、ただメモをとるのではなく、やりとりをよく見ておくように」と言われました。その言葉に意識づけられ、私は単にメモ取りするだけでなく、上司の説明ぶりで盗めるものがないか、どのように議論をしているか、注意深く話を聞くことができました。

時間は有限

　「有限な時間のなかでいかにベストを尽くせるか」。以前の上司が常々言っていた言葉です。忙しい部署でしたが、その上司は必ず定時内で仕事を終わらせ、颯爽と退庁していました。部下からの相談には決断が早く、仕事の順序や協議の進め方も、スケジュールを意識しながらテキパキされていました。
　私も、その上司と一緒に仕事をすることで時間を意識する習慣がつきましたし、冒頭の上司の言葉は、今の自分の仕事の礎になっています。

強面だけど…

　私の上司は強面で、若手職員には「怖そう」と思われがちな方です。ただ、上司としては判断や部下へのメッセージが明確で、それが移ろわない。「何か起きたときの責任は取る」という安心感があり、部下たちを前向きにさせてくれます。
　一方、実はユーモアのある人柄でもあります。強面からのギャップも相まって、部下は皆、この上司が大好きだったりします。私は強面ではないので、時折、羨ましいと思ったりしますね（笑）。

経験を積ませてくれた上司たち

　駆け出しの頃、私の担当業務に対して議会質問が当たり、答弁作成が必要になりました。ほかの方だと答弁作成と聞いただけで嫌な顔をするところ、当時の上司は慌てることなく淡々と対応されており、百戦錬磨の雰囲気がありました。
　答弁作成自体は、難易度も高く、上司ご自身が手を動かされていました。ただ、上司は私に少しでも経験をさせようと、作成途中の答弁を見せてくれ、「こういう内容を書こうと思っているけど、担当者としてどう思うか」と聞いてくれたり、「答弁を作成するにあたり、こういう参考資料をつくってほしい」と私にもできる仕事を発注して、関わらせてくれました。
　そして質問当日、議会答弁をテレビで見ながら「こうやって答弁がつくられて、世に出ていくのか」と自分が関わった仕事の出口を感じることができました。

　私の上司は、幹部協議や議員説明など若手なら同席しない場面でも、積極的に同席させてくれました。時々「この案件は君が説明してみようか。大丈夫。私がついているから、チャレンジしてみよう」と説明する機会も与えてくれます。
　説明前はドキドキですが、終わった後は自信がつき、チャンスをくれる上司に鍛えてもらったなと思います。また、自分が説明役を経験することで、丁寧に事前準備をする習慣につながりました。

　若手時代の上司が、最初は何も言わず、とにかく一度やらせてみるスタイルで、失敗したら細かいことを言わずにリカバリーしてくれていました。
　あらかじめレールが敷かれると受け身になりがちでしたが、この上司のもとでは「自分で考えて行動する」大切さを学びました。
　今は上司の立場で、「どの段階まで任せるか」、「どの段階までなら部下がミスをしてもフォローできるか」を悩んだりしますが、自分なりの上司像に向けて実践を重ねています。

転入者への気遣い

　ある年の4月、引っ越しを伴う異動をした私は、新しい所属の顔合わせミーティングに参加しました。私以外にも多くの方が異動してきましたが、課長が冒頭、こんな挨拶をされていました。
　「新しくお越しになった皆さん、歓迎します。ようこそ、○○課へ。
　緊張もしているでしょうし、うちは忙しい課ではあります。でも、皆で声をかけ合って、よいチームで仕事をしたいなと思っています。
　そして、引っ越しをして来られた方は、生活の立ち上げを優先してください。生活が安定して、仕事をがんばれる環境ができます。まずは1か月、がんばりましょう」
　私自身その方の気遣いにはっとさせられ、こういった言葉をかけられる上司になりたいと思いました。

プロジェクトの打ち上げにて

　若手時代、皆で取り組んでいた大きなプロジェクトが終わり、職場で打ち上げに行きました。会の後半、隣の係の上司がふらっと私のところにやってきて、「○○さん、がんばっていましたね。お疲れさまでした」、「○○さんは普段明るくふるまっていますが、結構大変だったのではないかなと思っています」、「体だけは大切にしてください」と声をかけてくれました。
　直接業務のやり取りがある方ではなかったですが、自分のことを見てくれていたのだと温かい気持ちになりました。

異動直後でも即座に動いてくれた

　当時、全国でも前例のない新規事業を立ち上げようとしていて、事業者や地元の理解を得ることに苦労していました。
　新年度になり、着任間もない上司に、進捗が難航していることを思い切って相談しました。内心、事業開始を遅らせることも覚悟していましたが、「わかった。では、事業のスタート時期から逆算して、どういう調整をしなければならないか、スケジュールと作戦を立てよう」と、即座に一緒に動いてくださりました。
　結果、上司のプロジェクトマネジメントのもと、予定どおり事業をスタートすることができ、異動直後の上司の理解力と行動力、突破力に驚かされました。

耳の痛いことは言いにくいけど…

　社会人1年目の後輩がパソコン作業をしているとき、姿勢を崩し、少しくつろぎ過ぎていました。
　先輩として指導するか迷っていたところ、上司がその後輩に「常に肩を張っているのは疲れるから、リラックスして取り組むのも大切だが、崩し過ぎると気になる人は気になる。学生時代の延長で意識していなかったかもしれないが、こういう部分で失点して中身で勝負できないのは、君にとってももったいないよ」と伝えていて、相手の立場に立った言葉の選び方になるほどと思いました。
　この上司は、私にも「先日のあの場のことだけど、こういうふるまいは直したほうがいい」と言ってくれたことがあります。耳の痛いことは言いにくいですが、若手を思ってくれるのが有り難く、また、伝え方も、廊下ですれ違ったときにこっそりやさしく伝えるといった配慮があり、こんなふうになりたいと思いました。

わからない部分は素直に聞く

　上司と一緒に幹部協議に臨んだ際、議論が拡散して最終的な方針がよくわからない部分がありました。厳しい幹部でもあったので、「私以外は理解しているだろうし、面と向かっては聞きにくいな」と思っていたところ、上司が幹部に「今の部分、よくわからなかったです。○○ということでいいですか？」と確認していました。
　協議後には上司から「わからないなら何でも素直に聞いていいよ。端的に聞けると、なおいいね」とアドバイスもいただき、場の雰囲気に流されず俯瞰して考えている上司の視点や「恐れず聞く」姿勢が勉強になりました。

Episode 4 穏やかで誠実な上司

① 相談しやすい雰囲気づくり

　この上司は穏やかで、周囲に対する言葉遣いも丁寧な紳士的な方です。
　ご一緒した間、怒った姿を滅多に見たことがありません。お酒の席で昔話を伺った際、若手時代に苦労していたことを教えてもらい、そのぶん、忍耐強くなられたのかなと思ったりします。

　そして、ポジティブなのも、その方の好きなところでした。
　先ほどの昔話でも「大変でしたが、当時の経験があって、今は仕事にしっかり取り組めています」と前向きに話を締めくくっておられました。

　そんな上司との協議は、とにかく相談しやすかった思い出です。
　「今お時間いいですか？」というと、作業の手を止めて「いいですよ。どうしましたか？」と笑顔で迎えてくれます。
　また、協議前に一言冗談をおっしゃっていたのも印象的でした。上司の着任当初、「どんな方かな」と緊張しつつ協議に臨みましたが、そんな心遣いで不安が和らいだのを覚えています。

　おそらく、チームがよい雰囲気で仕事をするためにいろいろと配慮されているのだなと、その人柄から心遣いが感じられました。

② 部下を鍛えようとする思い

　やさしい方ではありますが、部下の案にいつも賛成というわけではあ

りません。

　協議では、議論して結論を出すことを大切にしており、「芳賀君はどう思いますか？」と担当者の考えを求めます。

　そのうえで、違うと思ったことは意見を言ってもらえますし、前例にとらわれず変えることは変えておられました。ただ、部下の意見を否定する際も、ご自身の考えを伝えたうえで部下と議論し、部下が納得感を得られるようにされていました。

　また、若手だった私を鍛えようとしてくださったのも、印象的です。

　ある文章を書く際、その上司との間で、何度も修正のキャッチボールをしたことがあります。それこそ、「最初から上司が赤ペンを入れればいいのに」とも思ったりしましたが、今思うと、部下を鍛える意味を込めて、あえて答えを言わず、ゴールにたどり着くまで粘り強く議論を続けてくれたのだと思います。

　最後、何往復もして書き上げた文章に対して、「うん、よい文章ができましたね。お疲れさまでした」と温かい言葉をかけてくれたことは、よく覚えています。

③「共振」の関係

　最初の頃の協議では、私も上司の考えや性格を十分につかめず、やり取りがぎこちないときもありましたが、次第にスムーズな協議ができるようになっていきました。

　そうすると、お互いがお互いの考えを想定しながら動くことができ、阿吽の呼吸のようなコミュニケーションが取れるようになります。

　上司からは、ご自身が目指す上司・部下の関係について、「1本の糸に吊るされた2つの振り子が、最初はバラバラに揺れていても、次第に同

じ周期になっていく『共振』のイメージ」という言葉をいただき、なるほどと思いました。

　また、こうした関係でしたので、仕事は任せていただけることも多くなり、私自身もやりがいがありました。
　１年間一緒に取り組んできたプロジェクトの最終盤、重要な判断をする際にも、「まずは芳賀君の案を教えてほしい」と担当者の意見を尊重してくれ、上司と信頼関係を築く大切さを感じました。

④　熟慮して答えを出す

　仕事によっては、スピード感が求められるものもあれば、熟慮して答えを出さなければならないものもあります。
　その方との協議においても、「即断即決」と早く方針が決まる案件も多々ありましたが、ときには複雑で難解な案件も相談します。

　その際には、時間をかけてでも、「この視点ではどうか」、「こう質問されたらどうするか」とさまざまな方面から検討をされていました。ときには黙り込んで、ご自身の深い思考に入り込む場面もあります。
　こうして精緻に検討を重ね、「よし、これでいきましょう」と頷いて導かれた結論は、たしかにしっかりしており、幹部をそのまま突破できることも多かったです。
　まだ若手だった私にとっては、「こういう考え方もあるのか」と、上司の引き出しの多さに学ぶことばかりでした。

読書家な一面もある上司は、年間100冊を目標にされていました。私もその姿に刺激され、学生時代ぶりに読書を再開し、おすすめの本を教え合ったりしました。

Episode 5 ムードメーカーだった上司

① 元気な独り言

先ほどの穏やかな上司とは正反対で、明るく元気な係長とご一緒したこともあります。

その方は声をよく出していて、独り言を言いながらパソコンに向き合っています。たとえば、「やばい、やらなきゃ！」、「困ったなあ！」、「よし、やるぞ！」、そんな独り言が職場に響きます。

独り言というと、「ブツブツ言っていて怖い」とネガティブな印象もあるかもしれません。ただ、明るくさっぱりしたキャラクターでしたので、職場の皆さんも嫌な気持ちは一切していなかったです。

むしろ、「困った！」という声を聞いた周囲が、「何か手伝いますか？」、「コピーしますよ」、「その電話、私しますね」と自主的に声をかけ合って動き、そのコミュニケーションでテンポよく仕事が進んでいました。

課長もそんな係長の様子を見ながら、正式な相談を待たずに、適宜、「どんな案件？」と声をかけます。そうすると、
「実はさっき、こんな電話があって……」

「なるほどね。じゃあ、こういう視点で調べてみたら？」
「ですよね。じゃあちょっと作業してみて、また相談します！」
と、気づけば方針協議が終わっていることもしばしばでした。

② 職場の雰囲気づくり

その方の声は、自然と職場に活気をつくっていました。

たとえば、上司の「よし、やるぞ！」という口癖は、周囲の方の刺激になります。「かけ声を聞くと、気持ちが引き締まり、自分もがんばろうと思えた」と、周囲が話していたこともありました。

また、声のかけ合いが生まれることで、メンバーが自分の仕事だけでなく、お互いの仕事に関心をもつようになります。気づけばその上司以外でも、誰かが困ったらみんなで助ける、チームワークのよい爽やかな職場になっていました。

私もそれを見ていて、こうした職場の雰囲気づくりは、上司が果たす役割が大きいのだなと感じました。

③ 勢いで突破

その方と仕事をしていて、「勢い」「ノリ」が武器になるとも感じました。答弁協議など複数の幹部の了解を得なければならない業務に対しては、さながらスタンプラリーをするようです。

「よし、課長の了解もらえた！」、「このまま幹部協議に行こう！」、フットワーク軽くそう言われると、一緒についてくる部下も楽しくなります。

幹部への説明も、堂々とハキハキしています。

質問されても臆することなく、「いや、この点はこうですよ！」と自信をもって答えるので、幹部も安心して話を聞いておられます。

もちろん、勢いだけで突破できないときもあります。

幹部に答弁協議に入り、うまくいかずに帰ってきたときも、笑って頭をかきながら、「いや〜、結構修正入っちゃったよ！」と話されます。大変だろうなと思いつつ、その明るさに前向きになれました。

> 持ち前の明るさと勢いで次々と仕事を突破している上司の仕事ぶりは、若手時代、本当に勉強になりました。私も、上司を見習って独り言を実践していましたが、ポジティブな言葉を発すると、自然と気持ちが明るくなったような気がしています。

Episode 6 クールな上司

① 追いつきたいけど追いつけない

この方と一緒に仕事をしたのは短い期間でしたが、知的でスマートな仕事の仕方に刺激を受けてばかりでした。

これまでご紹介した上司の方々とは異なり、クールな雰囲気で、口数も多くはありません。ただ、とにかく頭の回転が速い。協議をしていても、資料をさっと読んだだけで内容を理解されてしまい、鋭い質問が飛んできます。

ですので、上司との協議では、たじたじになってばかりでした。
「資料のここ、なんでこういう展開になるの？」
「この記述からすると、最後の結論って矛盾しない？」
「この論点が抜けているように見えるけど、検討した？」
　上司の指摘はどれもまっとうなものであり、協議に入るたびに「すごいな。追いつけないな」と悔しさを感じさせるものでした。

　他方、仕事は最短での道筋を描いて進もうとされるため、無駄な指示がありません。
　そんな方だからでしょうか、当然、幹部の信頼も厚いです。幹部からは「この案件、彼が見ているんでしょ。じゃあ了解、任せるね」という言葉も聞き、これまでの信頼の積み重ねがあるのだなと思いました。

②　クールだけどやさしい

　そんな上司ですので、部下を甘やかすことはせず、求める水準は高いです。ただ、その厳しさも部下の成長を思ってのことと感じられる場面もあり、決して「冷たい上司」というわけではありませんでした。

　また、その上司ともう1人、別の上司がいたときのことです。
　私は別の上司とある業務を進めていましたが、その上司が仕事に興味を示さず、部下に丸投げをし、困り果てたときがありました。「これ、自分1人で抱えなければならないのか……」。暗い気持ちで、その上司が帰った後の夜遅くに、クールな上司に協議をしました。
　いつものように鋭い指摘が飛んでくるのでは？　と身構えて協議に臨みます。ところが、その上司も口出しはしにくかったものの、隣で私と別の上司のやり取りを見ていたのでしょう。

「お前も大変だな。終わったら飲みにでも行くか」と労いの言葉をかけてくれ、時間をかけて一緒に方針を考えてくれました。いつもと違ったやさしい言葉に、ホロっとしてしまいました。

> この上司に出会って、「もっとがんばらないと」と思うようになり、自分のなかの求める水準が一段上がったような気がします。いつかこの上司を納得させられるだけの仕事をしたい、そんな目標になっている上司です。

Episode 7 推進力の強い上司

① ドンドン進める

最後の上司は、推進力をもってドンドン仕事を進める方でした。

自らも手を動かして資料を作成し、相手先との調整も先頭に立って仕切ります。部下でいたときは、「こんな感じで進めるから、よろしく」と作り込まれた資料を渡され、展開の早さに焦ったこともありました。

仕事の姿勢は、ストイックに突き詰める方です。

異動直後は過去の資料を詳細に読み込み、「職責を果たすためには、詳しくなければ」と妥協しません。方針決定でも、あらゆる可能性を検討するので、隙がない仕事ぶりです。

また、アイデアが豊富な一面もあります。

日頃から新聞などで、業務外のことも含め国内外の最新動向をキャッ

チしている上司。「新分野でこういったものがありまして……」、「ああ、あの話ね」と言われるたびに、アンテナの高さを感じます。

加えて、仕事の方針に悩んで相談したときも、解決策が複数でてきて、「日頃からいろいろと考えているんだな」と引き出しの多さに驚きました。

② 置いていかれがちだけど…

そんな上司は、昔は部下に自分と同じ水準を求め、厳しかった時期もあると聞きます。

ただ、ご自身で上司を何年もやるうちに、部下との接し方も変わってきたと言います。たとえば、ご自身が先頭に立って進みつつも、「この資料、ちゃんと理解しているか？」と部下がついてきているか目配せをし、部下の目線におりてきてくれることもありました。

また、「言うべきことは言うんだ」と、幹部にも臆することなく、ご自身の意見はしっかり主張されます。

そうやって自分が納得したものは通そうとしてくださるので、部下として心強く感じます。時々、自分が了解したものが幹部に否定されると、「自分は関係ない」という態度の上司もおられますが、この上司のもとではそんな不安はありませんでした。

熱意があふれ探究心も強い上司。「これからの社会には、こういうことが必要ではないか」と力強く論じておられる姿を見て、自分が上司の年齢になったとき、こうなれているだろうかと自身を振り返ったりもしました。

＃相談しやすい雰囲気づくり　＃「共振」の関係　＃熟慮して答えを出す
＃元気な独り言　＃職場に活気を　＃勢いで突破
＃追いつきたいけど追いつけない　＃ときにはやさしい言葉も
＃推進力・ストイックな姿勢　＃豊富なアイデア
＃部下にも目配せ　＃納得したら守る

紹介させて、私の上司！ その2

ネットワークを大切に

「悪いことは皆で共有して早めに解決。よいことは皆で喜び、次の原動力に」。

数年前にご一緒した課長の口癖です。課長の前には協議テーブルがあり、よいことも悪いことも、何かあればそこに集まって協議していました。最初は課長と私の2人だけが座っていても、協議が進むにつれ、「おーい、○○さん」と手を振って、関係しそうな人をどんどん巻き込みます。他の部署に詳しそうな人がいると、その場で電話することも。

他方、声をかけられたほうも「○○課長が言われるなら！」と快く対応してくれます。きっと、課長がこれまで、多くのお願いや相談を聞き、嫌な顔をせず対応してきたからでしょう。

元々は民間企業から転職してきた課長は、「公務員の強みは人」だと日頃から言っていました。「1つの部署だけで解決できることのほうが少ない」、「役所にはいろいろな専門家職員がいる。ITに詳しい人、土木に詳しい人、製造業に詳しい人。職員同士で協力して課題を解決していきたい」、そんなネットワークをもっている課長は、本当に頼れる上司でした。

私も、今は課長を見習って、他部署からのお願いや相談には、笑顔でできる限りの対応をするよう心がけています。

言いたいことを言わせてくれた上司

以前の上司は、若手の言葉を聞いてくれる、やさしくておおらかな方でした。

反面、私は結構「モノ言う部下」だったようで、度々「そうはおっしゃいますが……」と反論していました。その上司は、そんな私に言いたいことを言わせ、受け止め、そして議論してくれた方で、その懐の深さに今も感謝しています。

ちょっと出かけてくるわ

　表彰業務を担当していたときの課長の話です。関係団体から候補者の推薦を受け、必要な調整をすべて終えた後で、急遽、候補者が推薦できないことが判明しました。ほかの人を探すにも、本来は数カ月の期間が必要です。
　「担当としてなんとかせねば」と焦っていろいろやってみても、どうにもなりません。数日経過して係長に相談したら、顔が真っ青。お手上げ状態で、はじめて課長に相談しました。
　ピリッと怖めの課長だったので、数日抱え込んだことを叱られるかと恐る恐るでしたが、課長は私の相談に「よし、わかった」とだけ答えました。そこからは、すごいスピードで関係団体に電話。業務の合間を縫って「ちょっと出かけてくるわ」と、その日のうちに団体の責任者と適切な候補者を相談し、推薦を決めて職場に帰ってきました。
　表彰は予定どおり行われ、後日、課長から「もう少し早く相談してくれたらよかったね。仕事は抱え込まないでね」と諭されました。課長のスピードに驚いたと同時に、仕事を1人で抱え込まずに早めに相談するきっかけになりました。

部下のがんばりを見ている

　以前、担当が決まっていない仕事が発生して、自分が取り組むことになりました。前例もない仕事なので苦労しましたが、その際上司から、「君のがんばりを見て影響を受けている人もいるはずだよ」と言われました。
　「自分の仕事に取り組む姿勢が、誰かによい影響を与えるかもしれない」と考えることで、より前向きに取り組むことができるようになりました。

なるほどと思う例え話

私の上司は、例え話が上手です。協議をしていても、「例えるなら、こうなんだよね」と自然な例え話をされていて、理解がしやすくなります。

考えてみると、例え話ができるには、①例えるもとの内容を理解している、②その内容を「要するにこういうこと」と抽象化できる、③抽象化したものと類似のものを自分の引き出しから出せる、といったことが必要なのではと思います。

私も、自身のスキルアップとして密かに例え話に挑戦しています。

課長、出陣です！

ある案件で他課と調整していたところ、意見が対立し、相手が頑なに「課長を出せ」の一点張りになりました。自分で調整しきれなかった申し訳なさを感じつつ、課長に相談すると「まあ、あの課はそういう気質がありますからね。いいですよ、私が直接やりましょう」と即答。

加えて、「たとえば剣道でも、先鋒－次鋒－中堅－副将－大将の順に戦いますよね。きっと相手は、自分の大将まで協議した方針で勝負しています。先鋒で負けても、それで引き下がりませんよね。私が出てケリがつくなら、いくらでも出ますよ」と言ってくれ、なるほど肝が据わっているなとも感じました。

入念な準備

「きちんと準備ができれば、仕事の7割は終えたようなもの。あとは、その基本的なラインにしたがって進めればいい」。企画部門にいたときの上司が話していた言葉です。

当時、企画部門では総合計画の策定をしており、自分たちの作業が、他部局に大きく影響を及ぼします。上司からは「私たちが他部局に出す指示は、その明確さなどにより、他部局の作業効率を大きく左右する。手戻りとなれば、組織全体で大きなロスとなる」と言われ、最短距離で進むためにも事前の準備が大切なのだなと学びました。

紹介させて、私の上司！ その2

使命感と揺らがない信念

　財政部局にいたときの上司の話です。当時、財政が悪化して立て直しが急務のなか、ある主要事業について、内容の見直しや予算規模の大幅削減を提案していました。事業の所管部長からは「○○君は私に恨みでもあるのか。この案ではとても堪えられない」と厳しく言われましたが、当時の上司は、丁寧に理解を求め続け、実現にこぎつけました。
　部下であった私は、当時は無力で何もできず、その上司の存在の大きさと背負っている責任を感じました。

お役所仕事的なやり方を反省

　事業課で出会った上司は、担当が協議した案を次々ひっくり返し、異なる結論を出す方でした。当時、自分は経験も積み、それなりにこれまでの所属で案を通してきただけに、はじめはとても驚き、周囲もその上司に腹を立てていました。
　そんななか、1回だけ、これくらいなら上司の許可を飛ばしても進められると踏んで、外部と交渉を始めた事業がありました。しかし、結果、相手をひどく怒らせてしまいます。原因は、私が現場の実情をよく見ずに前例踏襲で進めたことであり、相手にはいわゆる「お役所仕事」に映ったのでしょう。
　実はその上司からは、当時よく「あなたは目先のことはきれいにさばけているが、その先の大事なものが見えていない」と言われており、私はハッとしました。
　たしかに、自分や同僚は役所の論理中心で動いていました。上司は、団体・事業者といった現場の実情よりも、その場だけうまくやろうとしていた私たちの仕事に警告していたのだと思い知りました。
　また、役所の外からは上司の評判はとてもよく、期待の声も大きかったです。国にも要望すべきことは要望し、制約があって要望が通らなくても、自分の言葉で外に説明し、是々非々で取り組んでいました。
　私もそれ以降、お役所仕事的なやり方を反省し、自分なりに考え抜くことを大事にしています。

第3章

合う上司もいれば
合わない上司もいる

第2章ではさまざまなエピソードを紹介しましたが、「いい上司ばかりではない」、「大変な上司だっている」という声も聞きます。
　おっしゃるとおり、組織には多様な職員がいます。上司・部下で合う・合わないもありますし、反面教師にしたい上司もいるでしょう。私も合わない上司のもとでは苦労しました。

　一方、当時を振り返ると、上司の一面だけを見て一方的に決めつけていたこともあったのではと思ったりします。
　たとえば、チェックが細かい上司が苦手でも、仕事のなかには間違いが許されないものがあり、そうした場面では非常に助けられていました。厳しくて怖い上司についても、やさしい上司ばかりでなく一定程度厳しい上司が組織にいることで、いい意味での仕事の緊張感も生まれます。
　ひょっとしたら、自分が嫌だと思うところはその方の長所かもしれません。

　そして、上司も皆さんも完璧ではありません。年上で自分以上の経験を積んでいたとしても、苦手なことはあるでしょう。
　私も上司になって十分にはできていないと思いますし、また、性格というのは、年齢を重ねるにつれ、大きく変えるのはなかなか難しいと感じます。

　とはいえ、実際には不満もあるでしょう。そこでここでは、若手職員からよく聞く「合わない上司」を、筆者との会話形式で紹介したいと思います。
　若手目線では、合わない上司にどう対応するか、上司目線では、そんな若手職員の声をどう捉えるか、考えるきっかけになればうれしいです。

　では、1人目の若手職員さんとのお話です。どんな悩みを抱えているでしょうか。

Case 1　厳しい、怖い！

「聞いてください！　異動先の上司がとにかく厳しいんです」

——おお、もう少し詳しく教えてもらっていいですか？

「協議しても『なぜ、そんなことも調べていないんだ』と突き返されたり、ミスが見つかったりすると怖い顔をされます。相談もしにくいです」

——なるほど、態度が怖いということですね。

「はい……。起案しても、その上司に決裁が回っていくと『今回は大丈夫かな』とソワソワします。上司に『ちょっと来て』と呼ばれると、それだけで緊張してしまい、聞かれた質問にもうまく答えられません」

——私も同じ経験があります。怖いと思うと、萎縮してしまいますよね。ちなみに、その方の指摘内容自体はどうですか？

「指摘されることはまっとうでそのとおりなんです。そこは自分の至らなさを思い知らされます。上司の指示どおりにしていれば、困ることはありません」

——そう考えると、**要求水準が高い方**なのですね。難しいかもしれませんが、まずはその要求水準にたどり着きたいですね。
　私自身も、当時は、次は怒られないようにと、上司が何を言うかを想像して対策したり、ケアレスミスがないよう何度も確認したりするようになりました。結果的に、今のチェック力はそのときに身についたと思っています。
　また、怖いですが、**勇気を出して立ち向かってみてください**。指摘に対して黙ってしまうと、「検討が十分されていないのでは」と上司も不安にな

第3章　合う上司もいれば合わない上司もいる　　57

り、さらにいろいろ聞きたくなってしまいます。言われっぱなしで黙ってしまうのではなく、**考えたことがあるならちゃんと伝えたほうがいい**です。

「なるほど……チャレンジしてみます」

　　　【1か月後】

——お久しぶりです、最近は上司との関係はいかがですか？

「実は、異動当初から取り組んでいたプロジェクトが終わったら、やさしくなってきました」

——きっと、一仕事終えて、相談者さんを認められたのではないですか。

「たしかに、そうかもしれません。また、プロジェクトが終わって、チームで慰労会をしたんです。そこでじっくりお話しする機会があり、上司のことをよく知れた気がします。若手の私をいろいろと気遣ってくれ、『あのときは厳しくてごめんね』と言葉をかけてもらいました。今もミスがあると叱られますが、結構かわいがってもらっています」

——懐に入りましたね。プロジェクトの最中で、上司もピリピリしていたのでしょう。

厳しいと前評判の上司も、飛び込んでみると意外と大丈夫ということがあります。怖いですが、勇気を出して立ち向かってみてはと思います。
他方、「相談しにくい」とのお話もあり、ここは注意が必要に感じます。上司は部下からの情報をもとに判断しますが、情報がなければ正しい判断ができません。特に悪い情報は、部下からはなおさら上げにくいもの。時間が経つと事態が悪化することもありますので、上司としては、部下が相談しやすいよう心がけなければと思います。

Case 2　発注では何も言わなかったのに…

「『幹部に説明する資料、とりあえず作ってみて！』と上司の指示があいまいで困っています。

　悩みながら『こんな感じかな？』と作った資料を見せると、構成がガラッと変わったり、赤ペンで真っ赤に修正されたり、それを直すのが大変です。そんなに指摘するなら最初に言ってよ……と無駄な作業にも思えてしまうのですが……」

——うーん、悩ましいですね。部下側の気持ちもわかりますが、少し視点を変えてみましょう。

　その業務に一番詳しいのは、基本的には担当者です。上司は、担当者から聞いた間接的で限られた情報から、資料作成の発注をします。

　そうすると、発注段階では必ずしも明確に資料のイメージができず、実際に部下が作成した資料案を見て、具体的に考えられるようになることもあるでしょう。

　少しでも手戻りを減らすには、たとえば、**発注段階で部下のほうから「こういう資料にしましょうか」と、資料イメージを手書きで擦り合わせてみて**はいかがでしょうか。

「なるほど。上司にとっても具体的なイメージがもてますね。でも、それだけで修正がなくなるとは思いません」

——ちなみに、修正があるのってそんなに嫌でしょうか。

　私の個人的な考えですが、**仕事は1人で完結するのではなく、上司と部下が対話をしながらつくり上げるもの**のように思います。

　私も部下の方から協議を受けて、1回でOKを出すことはあまりありません。指摘が多い上司と思うなら、それを前提に**早め早めに相談**できるといいですね。

第3章　合う上司もいれば合わない上司もいる

「たたき台だと思えばいいでしょうか」

――そうです、たたき台です！　たたき台なので、たくさん赤は入るでしょう。
　たとえば、担当者が40点のたたき台をつくって、それを上司が80点まで赤ペンを入れる。でも上司も、たたく台がなければ80点のものはつくれません。それが「対話でつくり上げる」ことなのかなと思います。**担当者がつくるたたき台は、決して無駄にはなりません。**
　ちなみに、直した80点のものを見て、それを100点まで上げるか、80点でGOサインを出すかは、案件次第ですね。内部資料であればそれでよしとしたり、議会資料であればもう1往復して完成度を高めたいと思ったりします。

つぶやき
　相談者の方には、「上司からの発注段階で擦り合わせをしてはどうか」と話しましたが、上司としては、部下が困らない発注も心がけたいなと思ったりします。
　とはいえ、「手戻りない指示」って実際には難しいところ。私の場合、発注に自信がないときには「これで作業に移れそう？」、「私の方針についてどう思う？」と聞き、それをもとに指示を修正したりします。あるいは、発注の際に「ごめん。仕上がりのイメージができていないから、資料はそこまで作り込まない段階でいったん相談して」と早めの相談をお願いしたりします。

Case 3　このタイミングで資料修正？

「私も資料作成で相談です。上司のうえにいる幹部ですが、修正が多いんです。1回目、資料協議をして修正指示が入ります。それを直して2回目の協議をすると、また違う箇所を言われます。最後3回目に入ったとき、修正箇所だけ説明しようとしたら、再度最初からじっくり読まれて、また修正や

ら構成変更やら生じてしまうのです。
　何回も協議しているのに、最後の最後に大幅な修正を出されると消耗してしまいます」

――お気持ちはよくわかります……。他方、幹部の方は忙しいですよね。抱えている業務範囲が広いから、協議がたくさん入ります。すべての案件について、前回の協議内容を事細かに覚えているとは限らないですよね。

「言われてみると、２回目の協議のとき、前後でバタバタしていました」

――部下からすると嫌かもしれませんが、毎回100％で全力投球できてはいないかもしれませんね。集中しなければなりませんが、次の用務のことを考えていたり、前の重たい用務が終わって疲れているのかもしれません。

「たしかに、幹部の忙しさは理解はできます。ただ、いろいろ指摘されるのはつらいです」

――なるほど。では視点を変えてみると、幹部に上げる資料は、議会など対外的な説明に使われたりする重要なものですよね。
　その幹部もですが、**上司は部下の顔色をみて赤ペンの加減をしているわけではなく、自分が了解したものが、外で求められる水準に耐えられるかという観点で見ている**のではないでしょうか。ですので、きつい指摘も水準を超えるためのものです。
　ただし、**指摘は仕事に対してされているのであって、皆さん自身の人間性が否定されているわけではありません**。そう切り分けて考えるだけでも、少しだけ気持ちが楽になりませんか。
　私も若い頃は、幹部からの指示に「何でこんなことしなくてはならないのだ」と思ったときがありました。ただ、今になると当時の幹部の深い考えがだんだんとわかってきています。目の前の幹部を突破することしか考

えていなかった自分には、その先のことが見えていなかったのかなと思ったりします。

「なるほど。幹部の考えや修正の受け止め方は、よくわかりました。最後に、こうした手戻りを防ぐため、何かできる工夫はありますか？」

——そうですね。幹部のキャラクターもそれぞれですが、私は「説明の一言目」に気をつけています。

たとえば、「こういう案件についてご相談です」、「〇日までに決めなければならず、スケジュールはこう考えています」、「そのスケジュールのなかで、今日は方針を協議させてください」のように、導入部分でどういう性質の協議なのかを説明します。2回目の協議であれば、「前回は〇〇というご指摘があったので、それを踏まえて修正しました」と、前回の内容を思い出してもらえるようにします。

そうすることで、幹部の方も、前提を頭に入れて協議してくれている印象です。あくまで一例ですが。

つぶやき

上司の立場では、どれくらい修正するかは悩ましいですね。

関連して、若い頃の上司に「部下が協議にきたら、1回目は大きな方針を合わせる。そして2回目で書いてきたものに赤ペンを入れる」という方がいました。たしかに、その上司に協議すると、1回目は口頭で「こういうストーリーで組み立ててはどうか」と話があります。そして、2回目は上司自ら赤ペンを入れ、その修正を反映させて完成ということが多かったです。

その上司は、自分のなかで「ここまで部下がやったら、最後は自分で仕上げる合格ライン」のようなものを持っていて、その水準に部下が到達するのを待っている印象でした。結果、部下の立場では、最初からすべて赤ペンを入れられるよりも、上司のコメントを手がかりに自分で考えるトレーニングになったように思います。

他方、どうしても難しい案件では、何度も修正をお願いしたり、途中で大幅なやり直しが発生することもあります。そのときは、「何度も申し訳ないが、大切な資料だからよろしく頼む」、「大変な作業ありがとう」と一言添えるだけでも、部下の受け止めは変わるように思います。

Case 4　ちゃんと見てほしいのに…

「私の上司はとにかく忙しく、自分のことで精一杯なんです。
　仕事の相談をしても、余裕がないからか、いつも『わかった。それでいいよ』と一瞬でOKをもらえてしまいます」

――なるほど。忙しいときは、上司も十分なチェックができていないことが考えられます。**いつもより自分でしっかりチェックしようとする気持ちになる必要がありますね。**

「でも、案件によっては方針に悩んでいたり、ミスが許されなかったりするのでしっかり上司に目を通してもらいたいのもあります。そういったものも、ちゃんと確認してくれているか不安に思います。**OKが出ても、見込みが甘く間違っていると手戻りが発生する**ので避けたいです」

――その場合は、**上司に落ち着いて確認してもらう時間を確保**してはどうでしょうか。以前、忙しい部署にいた際、上司から「なかなか時間がとれないので、協議したいことは資料を先にもらって読んでおくよ」と言われたことがあります。「○日締め切りなので、仕事が落ち着いたタイミングで読んでください」と手渡ししたり、口頭で伝えたいことを付箋に書いて貼り付けて、机上に置いたりしていました。

「渡すだけならできそうです。付箋に書くことも、やってみます」

――口頭で説明したいことを付箋に書くのも、いざやってみると悩みます。自分が伝えたいことを端的に表現することになるので、頭の整理につながり、日頃の仕事にも生きるのではないでしょうか。

「ほかに気をつけたほうがいいことってありますか？」

——こうした**コミュニケーションをどう取るかというのも、上司と話してみてはいかがでしょうか**。上司も自分の仕事が忙しいので「じゃあこうしてほしいな」となれば、お互いにメリットがあります。たとえば、「しっかり相談したい場合には、いきなり説明に来るのではなく、事前に時間を確保してほしい」と言われれば、共有スケジュールに入れておくことで、相談のタイミングを逐一伺わなくてもいいかもしれません。「**察してほしい**」だけでなく、**お互い言葉にして伝えることも大切**ではないでしょうか。

　また、その上司に対しては、日頃からの心がけとして、**ポイントを絞った説明**を目指してみてください。忙しい上司に資料を隅から隅まで見てもらおうとせず、上司に決めてほしいポイント、判断の際に留意すべき論点に絞って説明するとよいです。資料にマーカーを引いておくことも有効ですね。

> **つぶやき**
> 　上司として、忙しくて手が回らないのはよくわかります。ただやはり、部下の仕事に責任を取るのは自分です。できる範囲で部下の相談に乗らなければなりませんし、チェックしきれず任せても、自分が通したら背負わなければと思います。
> 　そのためにも、忙しいなりの部下とのコミュニケーション方法を構築したいところです。部下も相談しにくく困っているかもしれないので、話をしてみるのもいいかもしれません。

Case 5　話を聞いてほしい…

「話を聞いてくれない上司ですか……。私の上司は逆に話し過ぎです。私が話を始めた途端、それを遮って自分の考えを述べはじめ、私の話を聞いてくれないんです」

——お話好きということでしょうか。ある意味、上司の考えが早くわかるのは判断が早いと思ったりしますが、どの辺がモヤモヤしていますか。

「うーん、全体を説明していないのに結論を決められてしまうことですね。出鼻をくじかれ、決めつけられる感じになるのが、納得感がなく嫌なのです。自分なりに説明の準備をしてきてはいるのですが……」

——そうですか。個人的な感覚ですが、**まずは上司の話を最後まで聞き、そのうえで、「ありがとうございます。私としては……」と自分の見解を述べる**ようにしてみてはどうでしょうか。
　上司側からみても、途中で遮られて意見を言われるより、自分の見解を部下が受け止めたうえで話をしてくれるほうが、話も聞いてもらいやすいと思います。

「なるほど。関連ですが、話を聞いていると時々、『前提が違うのではないか？』と思うときもあります。上司の頭の回転が速く、私が少し発言しただけで、そこからどんどんご自身のなかで議論が進んでいきます。そのときも最後まで聞いたほうがいいでしょうか」

——それはその場で訂正したほうがいいです。**前提となる認識が異なると、そこから導き出される結論まで違ってしまいます**から。

「わかりました。あと、議論が本筋からずれてしまうこともあります。部下からすると『この部分、そんなに大事かな？』と思うことも、ご自身が関心をもつと質問は止まりません。協議時間が予定を超過することもしばしばです」

——なるほど。「本筋に関係ない議論はせず、質問は最低限にしてほしい」という気持ちもわかります。

第３章　合う上司もいれば合わない上司もいる

他方、上司からすると、わからないことを解消して全体像を理解しないと、判断できない場面もありますし、一見関係ないと思っても、話をするうちに本筋に関わってきたり、新たなアイデアや方針が生まれたりすることもあります。

「たしかに、『この話、関係あるのかな？』と思っていても、気づけばその質問をきっかけに結論が変わってしまうことがありました。**議論は正しい結論を導くためのもの**と考えればいいでしょうか」

——そうですね。上司は経験を積んだぶん、部下にない視点で考えることも多いです。
　まずは質問の意図を捉えようとし、わからないときには「その質問はどういう趣旨でしょうか」と聞いてみてもいいかもしれません。
　また、次に予定があって長時間の議論ができないようなら、その旨を伝えてあげてください。

> **つぶやき**
>
> 　上司の側からすると、部下の話を聞いていて、途中で「結論はこうなのかな」と思うことがあります。早く結論を出したくなりますが、聞いていると部下の考えが違っていて、そのほうがいいときもあります。そうすると、部下の話は、まず最後まで聞いてみてもよいのかもしれません。
> 　また、「質問は最低限にしてほしい」という部下の気持ちもわかりますが、やはり、議論は正しい結論を導くためのもの。そのため今は、「判断のために気になったことはちゃんと確認しよう」と考えています。
> 　ただ、部下にも次の予定があったりするので、「少しいろいろ聞いていいかな？」と確認したり、「なぜその部分を細かく議論することが必要か」の説明もできたりすればいいのかなと思います。もちろん、悩ましいことも多いですが。

＃勇気を出して立ち向かう　＃相談しにくいのは注意
＃発注段階で擦り合わせ　＃対話でつくり上げる　＃たたき台は無駄ではない
＃上司の赤ペンの加減　＃指摘は仕事に対してのもの
＃落ち着いて確認してもらう　＃コミュニケーションの取り方を話してみる
＃上司の話は最後まで聞いてから　＃議論は正しい結論を導くため

Case 6　とはいえ、合わない上司はいる

　ここまで5つのエピソードを紹介しました。
　ただ、上司側の事情が理解できても、どうしても苦手な上司はいるかと思います。そんな若手職員の皆さんへ、私なりの心がけをご紹介します。

①いいところに目を向ける

　以前、上司との付き合い方で悩んでいたとき、先輩から「いいところを見つけようとしてみてはどうか」とアドバイスをもらいました。

　たしかに、苦手と思ってばかりいると、その気持ちが雰囲気になって、相手に伝わることもあります。そこで、相手のよいところを見つけようとすることで、その過程で、次第に相手へのネガティブな感情が薄まることがあります。
　個人的には、対峙する関係になりがちな苦手な上司とも、そうすることで少しでも同じ方向を向ければと思っています。

②期待しすぎない

　よいところを見つけようとする一方、期待し過ぎなくてもいいのではとも思います。
　当然のことながら完璧な人間なんておらず、皆、どこかしらの弱点があり

ます。これを読んでいる皆さんも、自身のことを完璧とは思っていないでしょう。

そして、上司も皆さんと同じ人間ですから、年上で自分以上の経験を積んでいたとしても、苦手なことがあるかもしれません。

そうすると、「なんでこの上司はこうなんだ」と怒るのではなく、「上司も人間」と割り切っていいのかもしれません。「自分のなかでつくりあげた上司像」に合わないことに腹を立てず、上司に自分の理想を押しつけないことかと思っています。

③へこんだ自分を受け入れる

合わない上司と仕事をしていると、うまくいかず叱られることもあります。
そんなとき、「へこたれちゃいけない」と思うと自分を締めつける気がするので、「つらいときは、へこんでも仕方ない」と自分を許すことにしています。

また、このとき、自分でコントロールできることと、そうでないことを分けて考えることもあります。ストレスの原因を、「自分でコントロールできること」と「自分ではどうしようもないこと」に分けたとき、後者は努力しても変わりませんし、それで気をもんでも心を消耗するだけでしょう。

このように、自分のせいだと背負いすぎないよう、ある種の諦めをはじめからつくっておくことは、気の持ちようを楽にするのにつながる気がします。

④適度な距離感を保つ

上司との距離感についても考えてみます。
若い頃は、苦手な上司だとしても、「がんばって付き合わないと」と思っていました。けれども、それで自分の心身を崩してはよい仕事もできないと思

い、今は苦手な上司とは適度な距離感を保つことも必要と感じています。

　また、公務員であれば、どうせそのうちどちらかは異動します。「この1年だけ」と職場限りの関係として割り切るのも、1つの考え方です。

⑤ 1人で抱え込まない

　最後に、上司との関係で悩んだときは、1人で抱え込まないでください。「自分が悪いんだ」、「もうだめだ」と思い詰めることもありますが、遠慮せず周囲に相談してみてください。話すだけでも気持ちが楽になりますし、私もつらいときは同僚に愚痴を聞いてもらうことがあります。

　以前、上司との関係で体調を崩した経験がある方が、「仕事の代わりはほかにもいるが、自分の心身の健康と家族の代わりはどこにもいない。本当につらいときは逃げてもいい」と話していました。
　よい仕事は心身の健康からと、心に留めてもらえればうれしいです。

Case 7　「合わない上司」の背中から学ぶ

　それでは、本章のおわりにあらためて、「合わない上司」を考えてみます。

　まず、上司への不満も、別の面から見ると理由があったりします。
　たとえば、要求水準が高い上司は、若い頃から仕事に厳しい方が多い印象です。ストイックに取り組み成果を上げ、今の席におられるため、上司にとってはその仕事の仕方が正しく、同じ水準を部下に求めがちです。
　何度も修正を求める幹部も、部下目線では「幹部を突破すること」を考える一方、幹部目線では「最終決裁者として了解する以上、外の水準に耐えられるか」と考えており、お互いの視点が異なるときもあります。

第3章　合う上司もいれば合わない上司もいる

ただ、そうだとしても、暴言や高圧的・威圧的な態度、人格否定といった受け手の誰もが不快に感じる言動は、心身の健康を脅かすものであり、許されるものではありません。また、そこまでいかなくても、上司・部下は互いに人間ですから、どうしても合わない上司はいます。
　そうしたところに対しては、「自分が上司になったらしない」と反面教師にしようと思います。

　他方、上司になって思いますが、自分がどう見られているかはなかなか気づきにくいものです。特に職位が上がるほど、指摘される機会は少なくなるように感じます。
　そのため今は、自分のふるまいに耳の痛いことを言ってくれるのは、ありがたいと思います。課長をしていたときも、隣の課長代理に、「私自身、至らない点があるので、気になる言動があるかもしれません。その際は遠慮なく教えてください」と伝えていました。実際、「先ほどのあの発言は少し言い過ぎかと」とこっそり教えていただくこともあり、その都度自分の言動を見直していました。

　最後に、上司と部下はチームであって、敵ではありません。
　不満を感じても、その背景を想像してみたり、よいところに目を向けようとしてみたりする。そのうえで、嫌なことは反面教師にし、上司になったら耳の痛い声を受け止めて改善する。
　私としては、そんな心持ちで「合わない上司」の背中からもしっかり学びたいと考えています。

　　　　　　　　　　　　　　＃よいところに目を向ける　＃期待し過ぎない
　　　　　　＃へこんだ自分を受け入れる　＃コントロールできることとできないこと
　　　　　　　　　　　　　＃適度な距離感を保つ　＃１人で抱え込まない
　　　　　　　　＃不満にも理由がある　＃耳の痛い言葉　＃上司と部下は敵ではない

第4章

私なりの上司実践

ここからは、私なりの上司実践をプレイヤー・マネージャーの2つの側面からお話しします。まずはプレイヤーとしての心がけです。

1. プレイヤーとしての心がけ

(1) 若手時代の基本は変わらず大事

　上司になっても、若手時代の基本、たとえば報連相(ほうれんそう)やメモ取りといったことは、変わらず大切です。ただ、求められる水準が、若手時代からそれぞれワンランクアップしていくように思います。

　たとえば、会議のメモ取りであれば、若手時代は参加しなかった幹部会議や議員さんとのやり取りに同席するようになります。上司になっても自分が一番下の出席者なら、自然と皆さんがメモを取る役目になるでしょう。
　場面が変われば、交わされる議論も異なります。幹部との議論はかけ合いも活発で、メモ取りももれなくスピードが求められるかもしれません。メモの完成度も、用途に応じて要点をまとめたり、詳細につくったりとさまざまです。
　あるいは、少人数の会議ではメモを取りつつ自分も参加者として発言する、そんな場面もあるでしょう。難しい案件であれば、微妙なニュアンスを汲み取ってメモに残すこともあります。

　こうして考えると、やっていることは若手時代と変わらないとしても、経験を積んだぶん、高いレベルを求められるように思います。

ただし、それは若手時代の延長上にあるものです。ですので、若手職員の皆さんには、今の仕事は決して無駄ではないと捉えてもらえればうれしいです。

そのうえで、上司になってからプレイヤーとして私が強く意識するようになったことについて、①スケジュールをひき、②方針を立て、③所属外の仕事相手と交渉を行い、④結果を幹部に説明する、といった流れに沿ってお話しします。

(2) 段取り・スケジュールは一層大切に

上司になると、部下の業務も含めた進行管理が求められるため、段取り・スケジュールは一層大切に思います。

ここでの段取り・スケジュールとは、「締め切りまでにどこと調整しなければならないか」、「そのために、いつまでに方針案を作らなければならないか」、「その方針案をいつ課長に協議するか」などのゴールまでの道筋を描くことです。

それこそ、若手の頃は、上司が組み立てた段取りで仕事をすることも多いですが、今度は自分がそれを組み立てる番になります。

ある意味、段取り・スケジュールを組み立てられるのは、仕事の全体像がつかめているということ。ゴールとそこまでの道のりが見えたうえで進んでいるのか、または見えていないなかで闇雲に進んでいるのかでは、成功率は大きく変わります。

もちろん、メンバーの心持ちも段取り・スケジュールがあるとないとでは違うでしょうから、上司として力を入れたい部分です。

第4章　私なりの上司実践

段取り・スケジュールは、過去に似た業務があれば基本的に前例が参考になります。しかし、新しいプロジェクトでは、そうした補助線はありません。
　私はその場合、ゴール・仕上がりから逆算するようにしています。
　具体的には、①まず、仕事のゴール・仕上がりをイメージし、②次に、そのゴールに向かうために必要な作業を洗い出し、③最後にそれらの作業に順序・締め切りを設定して段取り・スケジュールを組む、といった手順です。

　実際にやってみると、必要な作業の洗い出しや、それらにどの程度の期間が必要かは、これまでの経験が生きてくるように思います。
　「外部との調整は必ずしも1回で終わるとは限らないな」
　「この締め切りは絶対後ろ倒しできない」
　「それなら、スケジュールにもう少し余裕を持たせようか」
　これまでの仕事の相場観を頼りに、無理がないスケジュールを心がけたいところです。

　また、若手時代に「仕事にムダがないな」と思っていた上司は、このゴールから逆算することを徹底していたのだなと思います。
　闇雲に走り出すのではなく、何が求められているか、どの水準までのものを作ればいいのかを明確にイメージできていたので、ゴールに向けて最短の道筋を描くことができていたのでしょう。

(3) 比重が増していく企画・立案

　上司になれば、プロジェクトの方向性を考えたり、課題に対する対応策を考えたりと、何かしら答えを出していく企画・立案業務が増えてい

きます。

　若手時代は集計など機械的な作業もあったかもしれませんが、上司になれば「どういった観点で集計するか」、「それを使って何をするか」を考える立場です。簡単に答えがでない難しい案件もあるでしょうから、頭を使います。

　そんな企画・立案業務には私も日々悩んでいますが、おおむね次のことを考えるようにしています。

①事実を押さえる

　まず、検討に着手する前段階として、事実を整理します。
　時々、又聞きなどで不正確な情報が入ることもありますが、前提となる事実が誤っていると、そこから導きだす方針も間違ってしまいます。
　バタバタしていると疎かになりがちですが、事実として何が起きているか、誰のどんな発言により対応が必要になっているか、手戻りをなくすためにも押さえておきたいところです。

②そもそも何のためにするか考える

　次に、「そもそもこの仕事は何のためにするのか」を考えてみます。
　仕事には、それにより達成すべき目的があります。方針で悩んだとき、ふと一歩引いて原点に立ち戻ることで、「どういう方向に向かうか」が見えたりします。
　特に、私たちの仕事は、国民・住民の方々のため社会をよりよくすること。目先のことに囚われることもあるかもしれませんが、「そもそもどうすべきか」ということも考えなければと思います。

③ストーリーを考える

　方向が見えてきたら、押さえた事実を積み重ねてストーリーを考えていきます。
　これはたとえば、
　　【現状】→【目指す目標】→【目標達成の課題】→【課題解決の対策】
　　【これまでの経過】→【現在の状況・課題】→【今後の方針・対応】
といったように、導入から結論までの話の道筋をつくるイメージです。

　その際には、はじめてこの話を聞く相手を念頭に置いて、どういう順序で・どのような情報を伝えていけば聞き手の頭が整理され、納得してもらえるかを考えるようにしています。
　まずは項目単位でシンプルに流れを考えると、「要するにこういうこと」と説得力のあるストーリーが組み立てやすいです。

④一歩先・広い視点で捉える

　次に、考えたストーリーについて視点を変えて検討を深めます。

　1つ目は一歩先の視点。
　「この方向で進んだらどんなことが起こるか」、「何か問題、課題が生じないか」と頭を巡らせ、見えてきた課題への対応も併せて考えます。
　ここでは、これまでの経験から想像力を働かせることが大切に思います。たとえば、在籍経験がない部に配属され予算要求をすることになっても、過去に別の部で予算要求をしていれば、当時学んだ勘所は生きてきます。「似たような案件が過去あったな」と思うところから、解決策を導けるときもあるでしょう。

　2つ目は広い視点。

係長だと、どうしても係単位で仕事をするので自分の業務範囲だけで考えがちですが、「ほかに影響はないかな」と考えると事前に調整が必要なところがわかり、スムーズに進めることができます。
　それこそ課長は課全体、幹部は組織全体のことを見ていますので、広い視点というのは、上司の視点で考えることでもあります。「あの幹部ならこう言ってくるかな」、「それならこの項目は欠かせないな」と相手の出方を想定して対策を立てることもあるでしょう。

（4）仕事相手とは誠心誠意

　他部署や他自治体、関係団体、民間事業者とのやり取りも、職責が上がるにつれ、一層大切にしたいところです。いわゆる調整業務というものですが、職場外の仕事相手と信頼関係を築き、両者が合意できる落としどころを探していくことは、簡単ではありません。
　加えて上司になると、部下が仕事相手ともめたときに出ていくときもあります。そういう意味でもがんばりどころですが、私は次のことに気をつけています。

①誠心誠意、丁寧に

　調整業務では、相手に落としどころを納得してもらう必要があるので、「この人が言うならわかった」と信頼関係を築きたいと考えています。

　そのためには、基本的に丁寧な対応を心がけています。
　特に、所属している組織が異なると、仕事の仕方や目指す目標、大切にしている価値観も異なります。そうすると、自分が当たり前と思っていることが、相手にとっては当たり前でなかったり、異なる認識で捉えられたりすることがあります。

ですので、互いの立場の違いを認識し、職場内よりも言葉を尽くして説明をする、相手の話をじっくり聞いて意図を正確に汲み取ることが大切に感じます。

私も、職場内の人と話すのと同じトーンで職場外の人と話し、議論がうまく噛み合わなかった経験があります。

もちろん、丁寧すぎると「そんなことは知っている」と言われることもありますが、基本的には誠心誠意、丁寧に対応するのがよいのではないかと思います。

②相手の立場でも考える

立場が異なれば、意見が合わないことも多々あります。その際には相手の立場に立って、「なぜそう考えるのか」と想像してみます。

相手と意見が異なる背景をつかむことができれば、それを踏まえ、相手に理解されやすい・納得されやすい説明を考えることもできます。

また、自分とは異なる価値判断の物差しを知ることで、自分の考えを多角的に見ることができ、互いの議論のなかで、よりよい結論に到達できることもあります。

③落としどころを見つける

そうした議論を重ねるなかで、お互いが合意できる落としどころを見つけていきます。

その際には、相手がどういう立場にあるかを想像し、「相手にとって何が譲れる部分で、何が譲れない部分か」、「相手が何を一番気にしているか」をつかむようにします。そうすると、「自分たちが譲れる部分、譲れない部分」と照らし合わせることで、落としどころが見えてきます。

そしてこのときに、信頼関係ができていると相手が本音を話してくれるようになります。
　組織同士が対立していても、相手から「うちの課長は×××を求めているが、それが難しければ、実際は△△△までできれば、こちらで説得できると思う」といった話を聞ければ、落としどころも見つけやすいです。逆に、感情的になり一方的に相手を叩くばかりでは、対立がひどくなって前に進まない印象です。

(5) 説明するランクが上がる

　上司になると、担当時代と違い、幹部や議員・記者への説明機会が出てきます。担当の頃は、幹部協議では上司が説明するのを聞いているだけでしたが、今度は自分が説明者。そんな緊張する説明で私が心がけているのは次の点です。

①説明を意識した資料作成

　部下が作成した資料で説明するときもありますが、重要な資料であれば、上司自ら手を動かすこともあるかもしれません。その際には、説明を意識した資料作成をしたいと思っています。

　まずはストーリーから。いきなり細部をつくりはじめるよりは、最初に全体の流れを考え、それを項目単位で書いていきます。そこから、その項目に本文を肉付けしていくと、結果として全体の流れがつかみやすい資料になっていきます。

　また、いきなり細部からつくるとどうしても情報量が多くなりますが、説明することを考えると、シンプルなほうが理解されやすいです。特に

上司自ら作成する資料は、幹部や議員へ説明するものも多く、なおさらシンプルさが求められます。

　このほか、資料に「1（1）①」と番号を振ったり、線を引いたり、色を変えたりするなどの工夫をしておくと、「次に2の（1）ですが」、「下線を引いていますが」、「赤字部分ですが」、「点線囲いをご覧ください」と、相手の視点を誘導することができ、理解しやすい説明につなげることができます。

②簡潔な説明を
　次に、実際の説明では、短い時間で要点をつかんで話すことを意識したいと思っています。
　たとえば幹部であれば、会議や来訪者との面会などもあるため、協議に十分な時間がとれないこともあります。部下とは1時間議論した話も、「幹部協議は10分で」と言われることがあるため、短い時間で判断してもらう必要があります。

　自分が作成した資料なら、作成段階から説明を意識して「読んだらわかる」資料を目指します。
　他方、部下が作った資料で説明する際には、どう説明するかを事前に考えてから協議に臨むようにしています。資料が詳細だとどうしても細かい議論になりがちなので、口頭で資料のアウトラインを説明しながら、読んでもらうポイントを絞るようにしています。

　もちろん、重要な案件であれば、十分な時間をとって議論する場合もあります。その際にも、事前に論点を整理して、実りある議論ができるよう心がけたいと思っています。

③落ち着いて堂々と

そして何より、落ち着いて堂々と説明することが大切に思います。

というのも、説明側がオドオドしていると、相手も不安になっていろいろ聞きたくなってしまうからです。

もちろん、幹部や議員への説明は緊張します。ただ、考えてみると、こうした方々も普通に話をしたいのではと思ったりします。説明で気になることがあれば質問し、素直にその答えを知りたいところでしょう。発言した意見も、100％自信があるときばかりでなく、説明者の反応を見て確かめているときもあります。

ですので、緊張はしますが、普段どおりの説明を心がける、質問には落ちついて対応する、相手の意見に思うことがあれば伝えてみる、といったことが正しい結論を出すのに必要ではないかと思います。

また、幹部目線では、「君の考えたＡ案ではなく、Ｂ案のほうがよいのではないのか？」と尋ねたときに「そのとおりです」とばかり返されるのも、「本当にこれでいいのだろうか」、「私に協議するまでにいろいろ考えているはずなのに、あっさり変更していいのか」と不安に思います。

嘘をつく必要はありませんので、懸念点・問題点があれば、整理して伝え、正しい判断をしてもらえるようにしたいところです。

（6）外の世界に関心をもつ

上司になると、議会や記者の方といった外の世界との業務が増えてきますので、そうしたことに関心をもつことも必要に思います。

特に議会については、若手時代に関わらなかった方もいるでしょう。
どういった流れで審議が行われるか、議会の構成はどうなっているかは、議会業務をするうえで欠かせませんので、頭に入れておきたいところです。そのうえで、議会や記者対応で私が気をつけていることは次の点です。

①1人だけで抱えこまない

まず、議員や記者の方から対応を求められた場合には、抱え込まず、課長と相談するようにしています。
というのも、自分が対応した結果によっては、次の仕事が発生することがあるからです。議員さんであれば、「状況はよくわかったので、次の議会で質問するね」と言われると答弁作成をしなければなりませんし、記者さんが記事を書いたら、それに対して記事想定を作成しなければならない場合もあります。

そのため、事前に「相手の問題意識は何か」、「どういった説明をするか」、「どういった資料を出すか」といったことを相談しておくとよいです。

②恐れずに向かっていく

島根で課長をしていた際、ある幹部の方に議会対応のコツを聞いたところ、「恐れずに向かっていく」と言われたことがあります。
たしかに、議員さんに説明するのは緊張しますが、議員さんも情報がほしくて説明をお願いしています。おどおどした説明では不安になりますので、過度に恐れることなく、普段どおりの対応をしたいところです。

記者さんも同様です。
私もはじめのうちは、「自分の発言で間違った記事を書かれないか」と

の不安で相手の様子をうかがってばかりでした。ただ、その緊張が記者にも伝わり、かえって苛立たせることもあったので、今では落ち着いた対応を心がけています。

批判的な取材の場合には注意が必要ですが、他方で、よい取り組みをしっかり取り上げてほしい場合には、PRしないと伝わらないなと感じており、相手の意図に応じた対応が必要に思います。

③議会答弁は、答弁者の立場で

議会答弁を書くことも上司ならではの仕事ですが、不安に思う方が多いようです。

私もはじめて答弁を書いたとき、質問に対して、何から書き出せばよいか、まったく思いつきませんでした。仕上がりのイメージも持てないまま、手を付けられずに時間だけが過ぎ、結果、上司に「できた？」と声をかけられ、白紙のまま引き取ってもらった苦い経験があります。

今思うと、数を経験し、慣れることが大切に思いますが、何に気をつければよいか知っておくだけでも違うでしょう。そこで、私が議会答弁を書くときに気をつけている視点を紹介しますので、参考にしてみていただければと思います。

＜段取り面＞
□答弁を書きはじめる前に、上司と方針を意識合わせする（悩ましいものほど早めに）。
□外部に確認しないと答弁が書けない場合は、早めに外部に依頼する。
□自分以外にお願いできる作業（データ整理など）は部下にお願いする。

<**内容面**>
□書いた答弁に、質問への答えが書かれているか確認する。特に、1つの質問で複数項目を聞かれていたら、すべてに答えているか（答え漏れがないか）確認する。
□議員の質問全体での、自分が担当する質問の位置づけを確認する（「最初に事実を聞いて、最後に今後の方針を聞く」など、質問のストーリーをつかむ）。
□類似の過去答弁があれば、それを参考にする。
□答弁を読む人の気持ちになって書き、書いたものは読み上げて違和感がないか確認する。

（7）ときには泥臭い仕事も

　最後に、仕事をしていると、「なんでこんなことを自分がやらなくてはならないのだろうか」と思う仕事もあります。
　誰も引き取り先がないもの、部下にはおろせない面倒な案件、上司から「ごめんね」と言われて依頼されるときもあるでしょう。簡単な対処法もなく、1人で思い悩んだり、仕事相手に面倒をかけたりもします。あるいは、庁外で問題になり報道にも取り上げられて、一気に忙しくなるときもあります。

　こうした仕事は大変ですが、誰かがやらなければなりませんので、くさらず取り組みたいと思います。
　ただ、大変だからこそ、気にし過ぎないことも大切に感じます。自分しかできないといっても、時間も限られていれば、優先順位をつけ、できる範囲で対応し、できないことは諦めることも必要かもしれません。

先を見るとつらくなるなら、目の前の作業だけに集中することで、気持ちが楽になったりします。

　そして、そういった仕事を一生懸命やる姿というのは、上司や周囲はよく見ています。大変ですが、逃げずにがんばらなければと自分を励ましています。

#若手時代の基本は変わらず大事　#ゴール・仕上がりから逆算を
#事実を押さえる　#そもそも何のために？　#ストーリーづくり
#誠心誠意、丁寧に　#相手の立場で考える　#落としどころを見つける
#説明を意識した資料作成　#簡潔な説明　#落ち着いて堂々と
#外の世界に関心をもつ　#抱え込まない　#ときには泥臭い仕事も

皆さんの上司実践 その1

コミュニケーションの質を意識

　私たちの仕事はコミュニケーションにより進みますが、発した言葉の受け止めは人それぞれで、すれ違いが生じやすいです。そのため、自分の考えを正確に伝え、相手の話を理解する力を身につけなくてはと思っています。そうしないと、せっかくいい意見を言っても、相手に届かず埋もれてしまいます。
　職位も上がった今、あらためて一段高いレベルでのコミュニケーションを心がけたいと思っています。

他部署からの相談・依頼には全力投球

　職責が上になると、他部署と連携して業務にあたることが増えてきます。自分の所属している課や係だけで物事を進めるよりも、他部署と連携したほうがスケールの大きい、よい仕事ができるものです。
　その際には、日頃から他部署からの相談・依頼には全力投球で対応し、何かあった際に、「あの人の頼みなら協力してあげようか」と思ってもらえる良好な関係を築いておくことが重要だと思います。そうすれば部下の方々も、他部署との折衝で無駄な労力を費やすことがなくなると思います。

仕事相手から学ぶ

　職場外の仕事相手と信頼関係を築くにあたっては、誠心誠意を心がけていますが、加えて「仕事相手から学ぶ」姿勢も大切に思います。たとえば、商工部署が長かった私は、企業や関係団体から多くのことを学ばせていただいたと思っています。企業経営の経験もないので、皆さんから聞く話は貴重で、そのなかで協力関係もでき、よい仕事につながりました。

タテとヨコの視点

　上司になって制度の企画立案に携わる機会が増えましたが、自分のなかでは、タテ（過去の経緯）とヨコ（他団体の状況）の視点を意識しています。
　前例主義や横並びと思われるかもしれませんが、私たちは税金により行政サービスを提供しています。新しいことをするにしても、過去どうしていたかや他団体の状況を調べ、そのうえで目の前の課題解決に向けどう踏み込むか、住民の方々に納得いただける制度設計をしたいと考えています。

議論を大切に

　政策議論では、臆することなく発言するよう心がけています。
　というのも、発言を躊躇し誤った情報でミスリードになると、その先の判断も間違ってしまいます。最終決定者が正しく判断できるよう、必要な材料や視点は準備しておきたいですし、係長―課長補佐―課長―幹部と議論のステージが上がるに応じて論点を洗練させ、深い議論ができるようにしたいと思っています。

スピード重視の姿勢

　仕事でスピードと完成度・正確さのどちらを優先させるか考えた際、私はスピードを重視しています。早く仕上げることで、上司との擦り合わせや調整の時間が確保できるからです。もちろん、上司任せにして完成度・正確さをないがしろにしているつもりはありませんが、完成度・正確さを突き詰めすぎると大きな労力がかかるため、バランスを見ながら仕事をしたいと思っています。

じっくり思考することも大切にしたい

　最近は時代もあり、早く最終決裁者にあげて判断してもらうことが増えたように思います。幹部も早く決めたほうがいいと思ってくださり、ありがたくはあります。他方、人材育成の観点からは、何でもかんでも上任せにしたときに、10年、20年後、自分たちがその立場になって正しい判断ができているか不安にもなります。

　そのため、時間がないなかでも、インプットやじっくり思考することもしたいですし、日々意識して社会の動向を気に留め、広い知見・ものの見方を養いたいと思っています。

どこまで突き詰めるか

　私は、部下と論点整理を行うとき、「せっかく知恵を絞るなら、未来への財産となれば」との思いから、目の前の壁を突破するだけなら必要ない部分まで論点整理することがあります。

　時々、部下にとって「余計な仕事」になっているかなと反省もしますが、指示を出すからには部下のがんばりにも目を向けてあげたいと思います。

議員さんとの付き合い方

　課長をつとめていて、議員さんとよい関係を築くため心がけているのは、「過度に恐れずに、ただし、少しの恐れはもって、そして、何より誠意をもって接する」ことです。

　どこまで本音で接するかは、相手のことを理解してからにはなりますが、基本的にはこちらが一生懸命やっていれば、議員さんはそこはよく見ている印象です。これから上司になる方も、過度に恐れないで、誠意をもって一生懸命さが伝わるように対応されればよいかなと思います。

皆さんの上司実践 その1

ゆっくり大きな声で電話

　上司になってから、電話はゆっくり大きな声で話すように心がけています。議員さんや記者さんから電話があると焦りますが、ゆっくり話したほうが相手も聞き取りやすく、また、相手のスピードも、自分にあわせてゆるやかになる気がします。
　また、大きな声で話すことで周囲が聞いていてくれ、状況の共有や終わってからの対応がしやすくなっています。
　関連して、部下の電話にも耳を傾けています。電話の内容を聞いていて、危険そうに思ったら、終わってから「どんな案件だった？」と尋ねたり助け船を出したりします。電話は周囲に状況を知らせられないので、難しいなと思います。

居心地のよい職場環境

　職場の窓辺に観葉植物の小鉢を置いています。尊敬する先輩職員が観葉植物を育てていたのを真似したのがきっかけでした。
　育ててみると、ささやかな緑があることで潤いが生まれ、職場の空気が和み、仕事のアイデアも出やすくなるような気がします。自分なりの居心地よい空間づくりを試してみてはいかがでしょうか。

2. マネージャーとしての心がけ

(1) 若手時代から発想を変える

　次は、マネージャーとしての心がけです。
　プレイヤーとしての心がけは若手時代の延長線にありましたが、上司になると、立場が変わりチームで成果を上げることが求められます。
　チームの仕事量も自分1人でできるものではありませんので、司令塔として部下に仕事を割り振りながら、プロジェクトを進めなければなりません。

　それこそ、自分が手を動かして資料作成していた若手時代から、自分は口を動かして指示を出し、部下が手を動かすようになります。このように仕事の対象がモノから人に移る点で、若手時代から発想を変える必要があるように感じます。

　他方、プレイヤーとしての役割も残るでしょう。
　部下にやってもらう仕事もあれば、困難な業務は部下も頭を抱えるでしょうから、上司で引き取る場面も出てきます。あるいは、最初だけ上司が手を動かして難易度を落としたうえで、部下に依頼してやってもらうこともありますね。

　この「自分が抱える仕事」と「部下にやってもらう仕事」の区別はなかなか難しい印象です。
　たとえば、社会人1年目と5年目の部下では任せられることは違います。他方、部下に能力があっても、忙しければ発注できません。部下の

能力と忙しさを見ながら任せていきますが、それができずに自分で抱えてしまうとパンクしてしまいます。

そのため、マネージャーとしてはまず、自分1人でなくチームで成果を上げようとする意識をもつことが大切なのではと思います。
では、そんなマネージャーの仕事について、まずは、①仕事を部下に依頼し、②その進捗を管理し、③部下から協議を受ける一連の流れに沿ってお話ししていきます。

(2) 部下が動ける依頼の仕方
①方向性を間違わないようにする
まず部下への依頼では、手戻りにならないよう方向性の確認を心がけているところです。
たとえば、「こういう資料を作成してほしいとお願いしたら理解した顔をしていたが、しばらくして出てきた資料が全然イメージと違うものだった」ということは避けたいですね。最初の方向性を間違えるとそのまま進んでしまい、時間も労力も無駄になってしまいます。

そこで、指示の終わりには、「これで進められそうですか？　わからないことはありますか？」と確認するようにしています。
もちろん部下には、上司の話す意図がつかめない、言っていることがわからないなら、あいまいなままにせず聞いてほしいですし、単に指示内容を復唱してもらうだけでも認識合わせができて安心します。

また、作る資料のイメージが浮かぶようであれば、手元の紙に簡単に図示することもあります。ここまですれば手戻りの可能性はかなり抑え

られる印象です。

②仕事の意義を説明する

　依頼の際にはできれば、「その仕事が何につながるのか」、「どういう意味をもつのか」を伝えてあげたいと思っています。

　というのも、単に作業だけを依頼されるよりも、「あなたがした作業をもとに、幹部に説明する資料をつくる」という言葉とともに依頼されるほうが、部下も仕事のゴールを意識しながら取り組めるので、よいものが仕上がることが多い印象です。それこそ、部下から「上司の指示は○○でしたが、幹部の××さんに説明するならこういった要素も必要ではないでしょうか」といった声が上がれば、ゴールを意識してくれている表れでうれしくなります。
　加えて、仕事の意義を伝えることで、部下としても自分の役割を認識することができ、モチベーションがあがるでしょう。

　もちろん、上司も忙しいので、依頼のたびに意義を説明できるわけではありません。ただ、新しい案件や難易度が高い案件、意義を説明しやすい案件、部下が依頼されて嫌な顔をしそうなときには、プラス一言付け足してあげたいと思っています。

③部下の状況に応じた指示をする

　そして、これらの指示は、部下の習熟度や仕事の難易度によって出し方が変わるように思います。
　部下が一定程度経験を積んでいたり、その仕事が得意分野であったり、あるいは、仕事の難易度があまり高くなかったりするときには、指示を出す側もあまり細かく言わなくてもいいかもしれません。むしろ、大き

な方向性と締め切りだけを示して任せることで、部下もやりがいを感じられ、成長につながるでしょう。

　一方、部下の経験がまだ浅かったり、その分野が不得意であったり、仕事の難易度が高い場合には、詳細な指示を出して、部下が取り組むことを明確にしてあげる必要があるように思います。

　また、最初は詳細な指示を出していた部下が、次第に大まかな指示だけで動けるようになることもあります。部下の成長を感じられ、うれしくなる瞬間ですね。

（3）見守る気持ちで進捗管理

　依頼をしたら、いったんは上司の手を離れ、部下が作業をする段階に移ります。
　上司になりたての頃は「大丈夫かな」と不安にもなりましたが、その間の進捗管理として、私が考えているのは次のことです。

①ある程度は任せたい

　どこまで細かく部下の業務を管理するかは、正直悩ましいです。
　心配になると、口を出したくなるときが多々あります。たとえば、部下が外部とやり取りするメールのCCに自分が入っていると、部下がメールを読む前から返信のトーンを言いたくなります。

　ただ、部下もいろいろ悩みながらやっているはずですし、あまり細かく口出しされると、考える余地もなくなってつまらなく、受け身になるのではとも思います。

また、人から言われるよりも、自分で考えながら進めるほうが楽しく、やりがいもあります。何より、最後までやりきることで本人の自信にもつながるでしょう。

　ですので、口を出したくなってもぐっと我慢。部下が準備を整えて、相談するまではドンと構え、任せてあげたいと思っています。

②進捗管理をする仕組みづくり

　とはいえ、任せっきりではいけないとも思います。任せたままでうまくいかなければ、上司の責任になるからです。
　そこで、任せつつもある程度は、部下の業務状況を押さえておきたいと思っています。

　たとえば、朝礼など定例のタイミングがあれば、その際に報告してもらうことが考えられます。私の場合は、毎週はじめに部下の方と、今週の業務一覧をメールで共有し合っています。それによって、抱えている仕事を見える化し、進捗を把握するようにしています。

　また、この業務報告は、部下にとっても、上司にまだ正式に協議できていない案件を芽出しし、「詳しくは追って相談します」と伝える報連相の機会になっています。上司も、重要な案件は取り得る選択肢があるうちに対策をしたいので、話を聞いて危険とわかれば、先手を打って指示を出せます。

　次に、仕事を依頼する際、どれくらいで相談に来てほしいか部下と認識を合わせることも1つの方法です。
　「4割くらいの完成度でいいからいったん相談して」

「締め切りから逆算して〇日前には相談して」
「1日考えてもいいアイデアがでなかったら相談して」
案件の軽重によって伝え方はさまざまだと思います。

　軽微な案件であれば、部下が納得のいくタイミングで上げてくれるのを待って、自分から聞くことはあまりしないでしょう。
　他方、重要な案件であれば、最初に方向性の確認をするとともに、早め早めに相談してほしい旨を伝えます。上司側で手を動かすことも想定すれば、早めに相談してほしいところですね。

　こうして考えると、どこまで任せればよいかは、「職員のやりがい・成長」と「組織としてのアウトプット」のバランスをとりながら、日々試行錯誤しているのが個人的な感想です。

(4) どうする、部下からの協議・相談

　さて、仕事を任せた部下が、自分のもとに協議にやって来ました。
　私個人としては、上司・部下で対話をしながら、よい結論にたどり着きたいと思っていますので、協議では次のことを考えています。

①部下の話は最後まで聞く

　「こういう案件が来ています。それに対してこう答えようと思います」
　部下の話を聞いていると、途中で「結論はこうなのかな」と思うことがあります。部下の話が結論に至る前に言いたくなるのですが、そこはぐっと我慢しようと思っています。
　部下にしても、話の途中で腰を折られるのは気分も悪いでしょう。加えて、自分はこれが答えと思いつつ聞き進めると、部下は違う案を考え

ており、その案のほうがいいなと思うことも多々あります。

　また、話を聞いてもらうことで、部下が悩んでいたことを共有でき、安心する面もあります。こうしたことから、まずは最後まで聞くことを心がけています。

②議論を大切に

　話を聞いたら議論ですが、私が気をつけているのは次の視点です。

　第1に、事実を押さえるということです。
　上司にとって「事実」は判断そのものに用いる材料、「意見」は判断の際に参考とする材料で、やや性質が異なります。たとえば、「過去どうなっているのか」、「他団体はどうやっているのか」など、正しい判断をするためには、事実に基づき、地に足がついた議論が必要に思います。

　第2に、担当者としての考えです。
　仕事において一番情報が集まっているのは、担当者です。最終的に判断をするのは上司だとしても、部下は自分に集まった情報を整理して上司に協議します。
　ですので、一歩引いた上司の立場とは別に、一番生の情報に触れている担当者の考えを聞きたいと思っています。

　加えて、個人的には、部下がその結論に至るまでのプロセスにも関心があるところです。
　「結論はAではなくBでないのかな？」
　「Bも考えたのですが、××という問題点があるとわかりました。自分としてはAだと思います」

担当者としてどう取り組み、工夫し悩んだのか、その過程も話してほしいと思っています。

　もちろん、状況の説明だけで部下が精一杯な場面もあります。その際には、部下の相談を受けて自分で方針を考えなければと思います。

　第3に、方針の妥当性です。
　「その方針で進んだときに、どういった問題が起こるか。何か影響があるか」について、自分のこれまでの経験を引き出しにして、想像力を働かせます。ここで検討すべき論点がでてきます。
　場合によっては、「これでいこう」という案以外に「プランB」として、複数案を考えるときもあります。

　最後に、私が了解しても最終決裁者は課長だということです。
　「課長ならどういった考えをするかな」と、最終決裁者からGOサインが出るようにすることも上司の役割に思います。

③何かしら方針を出す

　そして、協議の最後には何かしらの方針を出したいと思っています。
　部下としても、判断してほしい・悩んで相談に乗ってほしいから上司のもとにやって来ます。相談したけど何も決まらず終わったというのは部下にとってもストレスでしょう。

　ですので、原案で了解する、赤ペンを入れ修正したもので了解する、再度考えてもらうなど、何かしらの指示を出してあげたいと思っています。
　それこそ、協議前後で「わかりました。ではそれで進めますね！」と少しでも部下の気持ちを軽くすることが目標です。

④キャッチボールは一度で終わらせなくてもいい

　他方、難しい案件では「ごめん。今は解決策が思いつかない。まずはこの部分を直して、また相談しましょう」と仕切り直しを提案することもあります。

　上司も人間です。聞けばいつも100％の答えが返ってくるものでもなく、ブレもあるでしょう（そのブレが部下にとって嫌なのもわかります）。

　ですので、一度の協議で無理に結論づけようとせず、何度かキャッチボールをしながら、完成度を高めていく場面もあるかと思います。

　そのためにも、難しい案件については、部下にはある程度早めの段階で相談してもらいたいと考えています。たとえば私の場合、難しい案件ならば「普通の案件の半分くらいの完成度で相談に来てほしい」と伝えています。

　また、こうした案件は、自分との協議だけで終わらせず、課長に上げてしっかり議論することも必要です。

　「私はこういう資料がいいと思うけど、課長の意見も仰いでみようか」と、重要な資料なら、むしろ、いろいろな人の目を通すなかで洗練され、完成していく印象があります。

　言い換えると、組織で仕事を完成させていく意識なのかなと思います。参考にしてみてください。

（5）上司になっての心持ち

　次に、上司としてのふるまいについてです。

　第2章で紹介したとおり、上司のキャラクターは人それぞれで「必ずこうしなければ」というものではありません。ここでは私なりの心がけ

として、上司になってから気をつけていることをお話しします。

①明るく、前向きに

　上司になってあらためて思いましたが、自分の雰囲気はチームに広がっていきます。

　私としては、部下の方々にのびのび仕事をしてもらうことが、能力を引き出し、チームのパフォーマンスを高めるのではと考え、「明るく、前向きに」を心がけています。

　まずは「明るく」。

　たとえば、部下が協議に来たら笑顔で「どうぞ」と迎える。協議中も冗談を言ったりして、和やかに仕事ができるようにする。

　面倒な案件も、笑いに変えることで乗り切れることがありますし、部下が思い悩んでいたら、少しでも明るくしてあげたいと思っています。

　次に「前向きに」。

　どうせ同じ仕事なら、前向きに取り組んだほうが張り合いもあり、楽しいと思います。そのため、部下の皆さんにはところどころで、「今ががんばりどころ。しっかりやろう」、「乗り越えたら楽になるはず」などのメッセージを伝えることを心がけています。もちろん、自分に言い聞かせる意味も込めてです。

　このときのイメージとしては、過去ではなく未来に目を向ける言葉、そして、チームの士気を高める言葉を選ぶようにしています。

　ちなみにこの「明るく、前向きに」は、島根時代にご一緒したある幹部に上司の心構えを伺った際、「明るく、楽しく、元気よく」とおっしゃっていたのに感銘を受けてのものです。

第4章　私なりの上司実践

②相談しやすい雰囲気づくり

　また、「明るく」というのは、部下が相談しやすい雰囲気づくりにもつながると思っています。

　上司の役割は判断することですが、判断には情報が必要ですので、部下の皆さんが情報を上げてくれないとよい判断ができません。
　特に、悪い情報ほど早く報告してもらうことで、対策の選択肢が増え、ありがたいです。最初の段階で相談してくれたらA、B、Cという選択肢があったものの、時間が経ってから言われると、もう取れる選択肢がCしか残っていなくて困る、となってしまいます。

　関連して、最近では「心理的安全性」という言葉が取り上げられることがあります。書籍によっていろいろな定義がありますが、〈チームのなかで、他のメンバーの反応に怖がったり、恥ずかしさ、不安を感じることなく、自然体で思っていることを伝えられる状態〉という意味で使われるものと思います。

　心理的安全性が確保されていれば、自分の意見を伝えることができ、よいコミュニケーションにつながるでしょう。逆に、心理的安全性が確保されていないと、十分なコミュニケーションが取れず、判断する情報が限られて、誤った結論に至るおそれがあります。
　そのため、私としても、風通しのよいチームをつくるため、心理的安全性を心がけているところです。

　他方、相談しやすいとしても、何でも部下の持ってきたとおりGOサインを出すのではなく議論はちゃんとする、部下にとって立ち向かい甲斐のある上司になりたいと思っています。

③ときには気楽に考える

若手時代、仕事に疲弊していた私に、当時の上司はどっしりと構えて「終わりはある。なんとかなるから」と言葉をかけてくれました。悲観的になっていた私に、その言葉はとても気持ちを楽にしてくれました。

また、幹部の了解が得られなさそうな難しい案件に上司と向かう際、上司が「これくらいで怒られに行ってみるか」と言ってくれたのも、ありがたく感じました。

こうした経験もあって、私は懸念や心配ごとがあったとき、「なんとかなる」、「悩んでも仕方ない」と気楽に考えようと思っています。

加えて、上司としては、部下が思い詰めているときほど、こうした言葉をかけたり、(実は自分は大丈夫でなくても) 涼しい顔をしていたりしたいと思っています。

失敗からの立ち直りも同様です。それこそ上司になると、自分の気の持ちようが部下に影響するので、早めに通常モードに切り替えたいなと思っています。

考えてみると、上司が切羽詰まっていると、部下も余裕がなくなりますよね。自分自身できていないときも多いですが、大事だなと自戒しています。

(6) 部下とのコミュニケーション

次に視点を変えて、部下との関係づくりについてです。

①部下の特性をつかむ

上司にさまざまなタイプがいるのと同じく、部下もさまざまです。

以前、同じ種類の仕事を2人の部下の方にお願いしたことがありました。1人は早く仕上げ、私と擦り合わせをしながら完成度を高めていくタイプです。一方、もう1人からはなかなか報告が上がってこず、心配になってしまったものの、仕上がったものを見ると、完成度が高く「なるほど」と思わせる出来です。

　こうしてみると、依頼の仕方ひとつとっても、部下の特性に応じて変わってくるように思います。
　そして、こうした部下の特性は、日頃のコミュニケーションの積み重ねでわかってくるものです。そのため、日頃から、特に異動したばかりの頃は、意識的にこまめに部下とコミュニケーションを取りたいと考えています。

②仕事の仕方を部下と話してみる

　次に、だんだんと部下の特性がつかめてきたら、仕事の進め方を話してみます。
　協議の方法も、資料を印刷して説明してほしいのか、簡単なものはメール報告でもいいのか、好みがあります。あるいは、最近ならチャットでのコミュニケーションもありますし、印刷せずにモニター上で資料を見せてもらえればいい、といったこともあるでしょう。

　こうしたコミュニケーションの取り方は、実は部下もどう相談するのがいいのか悩むことがあります。
　ですので、お互いにとって進めやすい方法となるよう、日頃の業務のなかで気づいたら、「これくらいの案件ならメールで報告してもらえればいいよ」などと伝えるようにしています。

③定期的に話をしてみる

　島根で課長をつとめていたときは月1回、職員の方と面談をしていました。いわゆる「1on1ミーティング」を意識してのものです。民間企業だと月1回よりもう少し頻繁に行われているかもしれません。

　普段の仕事では落ち着いて話す機会もなかったりするので、面談では傾聴の心がけで話を聞きます。「今月はどうでしたか？」と切り出してから、部下の状況を話してもらうこともありますし、私から「この間の協議資料、わかりやすかったですよ」、「次はこういう視点をもって取り組んでみては」とフィードバックすることもあります。

　部下の方も、定期的に面談があることで、「今度話すときにこれを相談しよう」と思ってくれ、お互いのペースメーカーになっていました。職場の改善提案があれば、実践したこともあります。

　面談以外にも、お互いを知る機会を心がけたいと思っています。

　先ほど紹介した毎週の業務報告メールでは、最後に「一言」付け足すようにしていました。

　たとえば、「今週はプロジェクトの追い込みなので、がんばりたいと思います」、「週末、近くの銭湯に行ってきました。木目調な造りに心が癒やされました」といった感じです。

　仕事外も含めお互いの人となりや関心を知ることで、少しでもコミュニケーションが取りやすくなればと思い、取り組んでいます。

④部下との関係はいろいろあっていいのでは

　最後に、上司・部下も人間です。お互いに「合う」、「合わない」はあるでしょう。

　合う上司・部下なら第2章で紹介した共振の関係を目指してはと思い

ますが、合わない関係で共振を目指しても、疲れてしまうでしょう。

　その点では、第3章でお話しした「合わない上司との付き合い方」が参考になるかもしれません。
　たとえば、「よいところを見つけようとしてみる」は、上司から部下へもぜひやってみてください。部下の長所を見つけて褒めることで、部下もやる気が出て、仕事全体がよい方向に向かうことが多々あります。
　一方、自分の思うように動かなくても部下の成長スピードはそれぞれです。そこはすぐ諦めるのではなく、長い目で成長を見守りたいなと思います。

　加えて、部下に求めすぎないことも大切に思います。
　それこそ、社会人1年目でしたら、自分のことで精一杯です。そんな部下に、上司が考えていることを察するのは難しいと思います。そういうときは、言葉にして伝えることも必要ですね。
　ちなみに、若手職員にどの程度の水準を求めるかについては、前著『知っていると仕事がはかどる　若手公務員が失敗から学んだ一工夫』で1部署目から3部署目までの3段階に分けて紹介しています。よろしければ参考にしていただければと思います。

(7) 褒める・労うは意識して
①褒められるとうれしい
　島根では茶道を習っていましたが、その先生はお稽古中にしばしば、「よくできましたね」と褒めてくださりました。ちょっと照れますがうれしいですし、もっとがんばろうと思います。

ふとこれまでの仕事を思い返すと、褒めてもらった場面ってそこまで多くないかもしれないと感じました。
　もちろん、仕事にもいろいろな種類があります。なかには、ややもすると「できて当然」と思われ、褒められにくい仕事もあるかもしれません。立場上、嫌がられる仕事もあるでしょう。

　ただ、人間ですから褒められるとやはりうれしいですし、モチベーションにもなります。
　ですので、私個人としては、部下の仕事でいいなと思うところがあったら、できるだけ意識して言葉にしたいと考えています。

　これまで出会った上司も、いろいろな方法で褒めていました。
　口頭で褒める方が多いですが、ほかには、よい出来映えの資料に「good！」とメモを残してくれる上司もいました。周囲にも聞こえるよう、大げさに褒める方もいます。

②労いの一言で変わる

　一方、「褒める」とは異なり、「ありがとうございます」、「お疲れさまでした」といった労いは、毎回できることのように思います。

　反面教師ですが、以前の上司に、部下との協議で「わかった」、「こうして」と指示はしても、それ以上労いの言葉がない方がいました。
　「上司・部下はそういうものだ」という考えもあるかもしれませんが、上司に協議するまであれこれ悩んだ自分としては、気持ちが少しばかりモヤッとします。
　反対に、別の上司と協議をした際、「お疲れさま」、「ありがとう」と言ってもらえると、自分の苦労が報われた気がします。

こうした経験もあって、今は部下との協議では、「ここに来るまでにいろいろ悩んだりしたのかな」と思いながら聞くようにしています。
　そして協議が終わったら、その結果が部下の考えてきた案のとおりでも、あるいは部下にとって厳しい別の案になっても、一言、労いの声をかけるように心がけています。

(8) 注意するのは難しい

　上司をしていると、ポジティブなコミュニケーションだけでなく、注意する・叱る場面も出てきます。億劫になることもありますが、部下に成長してもらうには、厳しく言う場面もあるでしょう。私自身も悩みながらですが、次のようなことに気をつけています。

①一呼吸置く

　悪い事案が発生したときは、つい感情的になって言い過ぎてしまい、相手の過度な萎縮につながることがあります。言葉で分けるなら、「叱る」ではなく「怒る」イメージかもしれません。

　そうならないためには、一呼吸置くことが必要なのではと思います。
　場合によっては、その場では何も言わず、終わってから「注意するか否か」、「注意するならどういった言葉をかけるか」を考えて、行動することもあります。

　一方、必ずしもすべての事柄に冷静な対応ができているわけでなく、カッとなって「失敗した」と思うこともあります。そういうときは、後から「ごめんなさい。さっきは言い過ぎました」と伝えることもありま

す。感情のコントロールは難しいなと思うときです。

②言葉は選んで話す

　注意の目的は、相手の改善を促すことです。
　そのため、自分が思った言葉をそのまま口にするのではなく、いったんこらえ、「どういった言葉・伝え方をすればいいか」考えるようにしています。

　その際には、「自分が部下だったらどう受け止めるか」という視点で言葉を選んでいきます。
　まず、あくまで注意するのは部下の行動であり、人格を否定しないようにします。また、「なぜその行動がダメなのか」がわからないと腹落ちしませんし、長々と注意されるよりは端的に言ってほしいと思います。

　私も以前、部下が不適切な行動をした際、言葉をかなり悩んだことがあります。メモに書いて頭の整理をしてから伝えることもありました。

③周囲にも配慮

　若手時代、皆の前で立たされて怒られ、恥ずかしい思いをしたことがあります。同様に、社会人であれば多かれ少なかれプライドがあり、皆の前で叱られると精神面で傷つくように思います。
　そのため、注意する際には周囲にも配慮が必要なのではとも思います。

④後に引きずらない

　最後に、注意した後は、引きずらないということです。
　過去にやってしまったことは変えられませんので、今後どうするかが大切に思います。

第4章　私なりの上司実践

そのため、注意した後に部下と接するときも、普段と変わらないように心がけています。そして部下が行動を改めてくれたら、しっかり褒め、その行動を評価していることが伝わるようにしたいと思っています。

＃チームで成果を上げる意識
＃手戻りがない依頼　＃意義を説明　＃部下の状況に応じた指示
＃ある程度は任せたい　＃進捗管理の仕組みづくり
＃部下の話は最後まで聞く　＃議論を大切に　＃明るく、前向きに
＃相談しやすい雰囲気づくり　＃仕事の仕方を部下と話してみる
＃部下との関係はいろいろ　＃褒める・労うは意識して　＃注意するのは難しい

皆さんの上司実践 その2

部下にもチームの意識を

チームで取り組む意識は、上司だけでなく、部下にももってほしいと思っています。私は部下に仕事を発注する際、全体像を最初に説明するようにしています。自分が全体のどの部分を担っているか意識をもち、誰かが困ったときにはお互いで助け合う「横の連帯」につながればと思っています。

自分がやったほうが早いけど…

起案がはじめての部下がいたため、言葉の意味や書き方などを丁寧に教え、本人に起案してもらい、私が修正するやり取りを数回繰り返しました。自分がやったほうが早いと思いましたが、そこは我慢。部下も一生懸命に取り組んでくれ、粘り強く指導してよかったと思います。

上司を数年経験し、時間がかかってもサポートして部下に任せる大切さを感じています。というのも、部下に経験を積ませ成長させることが、最初は手がかかっても長期的には上司の負担軽減につながりますし、組織全体の人材育成になると考えるからです。

他方、そのためには、仕事の締め切りと難易度を見ながら「これくらいなら任せてみようか」、「もし部下がゴールに到達できなくても、ここまでなら自分で引き取れる」と判断できるようになりたいところ。なかなか難しいですね。

皆さんの上司実践 その2

部下の考えを引き出したい

　部下からの相談時、自分の考えも伝えますが、できるだけ担当者としての考えも引き出すように意識しています。自分なりの考えをもってほしいですし、上司に言われるままになってほしくもないからです。
　また、方針を伝えるときも、どういう視点で考えたか併せて伝えることで、上司がその考えに至る背景も理解したうえで、納得感をもって動いてほしいと思っています。

ワークショップをやってみた

　はじめて上司になったとき、上司と部下という立場もあって、部下からなかなか本音の意見を引き出しにくいなと感じました。そこで、チームビルディングも兼ねて、付箋を使ってワークショップを開催しました。
　立場を超えて、自分たちの事業のミッションや課題を皆で考える機会をつくることができ、その後の仕事では、議論のレベルが一段上がったように思います。

部下の声を聴く

　出向先で突然多くの部下をもったときの話です。3つのグループをもつ課長職についたため、できるだけ部下の声を聴きたいと思い、隔週で1時間程度、グループごとに意見交換をしました。まずは傾聴したうえで自分の考えを話し、出た意見は、可能なことは実行して部下にもフィードバックしました。結果、部下から慕ってもらえ、出向を終えた今でも付き合いが続いています。

言葉で伝える

　上司として、思っていることを言葉で伝えるのはとても大切に思います。周囲に部下を厳しく指導する上司がいますが、その職員に期待しているからと思うものの、それを本人に伝えていません。
　個人的には、部下のモチベーションを上げる言葉をかけて気持ちに寄り添う必要があるなと思います。また、部下が仕事をやり遂げたら「できて当たり前」ではなく「ありがとう」、「お疲れさま」と一言伝えると、良好な関係が築けるのではと感じます。

挨拶を大切に

　課長になると、職場の飲み会などで挨拶する場面があります。恥ずかしがって適当にする方もいますが、課長といえども、課の皆さんに自分の口でメッセージを伝える機会はなかなかありません。そのため、日頃の感謝や労いを自分の言葉で伝えようと、その都度「今、この場では何を皆さんに伝えたらいいか」を考えて臨んでいました。

嫌われてもいいから

　上司になりたての頃は、部下に注意したり、回ってくる起案にいろいろと修正をしたりすることは、気持ちのよいものではなかったです。ただ今は割り切って、嫌われてもいいから気になることは伝えることにしました。
　気になることを放っておいたら、結局、後で問題になって対応が必要になりますし、根気よく部下に伝えていくことも大切だと切り替えています。
　また、その際には「相手を思いやる心から注意する。これからよくなってほしいと期待している」という気持ちをもって、部下に接したいと思っています。

皆さんの上司実践 その2

ある幹部の心がけ

　私は幹部になってから、次のような「意識しておきたい心がけ」のメモを手帳に挟み、毎朝の始業前に開いています。
・あいさつする、御礼を言う
・課題解決、議論を楽しむ
・判断に必要な情報を得るため、皆の発言を促すための雰囲気づくり
・人それぞれ、相手を認める謙虚さ
・力量を見極めて任せ、最後は自分で引き受ける

課長が一番楽しい

　私は部長をつとめていますが、部下から「課長は大変」、「課長になりたくない」という声を聞き、寂しく感じています。私の経験を振り返ると、課長時代が大変だったけれども一番おもしろく、やりがいがあったと思っています。
　1人でできない大きなこともチームなら力を合わせてできますし、皆で思っていることを提案し合い、より良いものを作り上げられます。これは担当時代にはなかった経験で、やりがいがありました。

「上司ってつらい」とはできるだけ言いたくない

　若手の頃の上司の口癖が「つらい。大変」でした。若手目線では、自分の将来がつらいものと想像すると、上司になんてなりたくないと思います。
　そのため、上司になってからは、「つらいとはできるだけ言いたくない」、「少しでも充実している姿を若い世代に見せていけたら」という思いをもっています。
　ただ、やはり上司は大変なこともあり、この実践は難しいなと感じます。

3. 心がけたいけど…新米上司の一苦労

ここまでは、私が上司として心がけたいことをお話ししました。

とはいえ、私も日々勉強の身。心がけたいと思っても「できない！」、「やってしまった！」と反省することが多々あります。

そこで今からは、私が上司になって悩んだことをお話しします。私と同じく上司になりたての方が、「思うようにできずに落ち込むのは自分だけではない」と思って、少しでも心が軽くなればうれしいです。

(1) 忙しい！

①自分の時間がない

「思ったより忙しいな」。上司になって1週目の感想です。

上司になると、外の会議や打ち合わせに出席する場面が増えました。担当時代には経験したことがない議員さんへの説明もあり、緊張します。他方、庁内に目を向けると、幹部協議では説明者である自分ががんばらなければなりません。

そうこうしていると、スケジュールがドンドン埋まっていき、物理的に席にいない時間が長くなります。やっと席に着いたと思ったら、部下もタイミングを見計らって相談にやって来て、次々と協議。メールや決裁板の山にため息も出ます。

②動き方を変えてみた

そんな忙しさから、どうにか時間を捻出できないか悩んでいた頃、自分の上司と、プレイングマネージャーの動き方について雑談をする機会がありました。

第4章 私なりの上司実践　113

「忙しそうだね」と声をかけられ、「なかなか自分の時間が取れません」と伝えると、上司は次の話をしてくださりました。

「君が部下の業務範囲も含めて手を動かしたり、毎回、私との協議に同席していては、いくら時間があっても足りないだろう。

私としては君には、①部下の案件を上司の了解が取れる水準まで引き上げること、②外部や幹部への説明をしっかりやること、の2点に注力してほしい。そのうち①は交通整理のイメージで行ってもらえればいいので、私への協議は部下に任せ、君は横で仕事しながら聞いているだけで構わないよ」

なるほど。さっそく、そのアドバイスを実践してみます。

部下からの相談が来ると、上司の反応を想像しながら修正を指示し、「この案件は担当者さんから○○さんに協議してもらっていいかな」と思い切って任せてみます。

いざ任せてみると、部下もがんばって説明してくれ、私は横で聞きながらピンチのときだけ出ていくようにすることで、自分の作業時間が確保できました。

「交通整理」というのは、多くの案件をさばくイメージにぴったりの言葉だなと感じています。

今年、係長になりました。まだまだ担当としての役割がありながら、部下のマネジメントや相談対応、協議の同席、会議出席、決裁処理で多くの時間をとられます。担当業務をやる時間がない……。限られた時間でやっていくためにも割り切らなくてはと思う反面、部下も若い方が多いので、しっかり相談に乗ってあげたいと思いつつ、難しさを感じています。

(2) 仕事の依頼って難しい！

①自分で仕事を抱え込みがち

　忙しいと、降ってきた仕事を部下に依頼し、自分がやるべき目の前の仕事に注力したい気持ちになります。一方、部下に仕事を依頼するのも、内容を説明し、部下が作成したものをチェックすることが必要です。

　まして忙しいときには締め切りが短い案件が重なることが多く、「部下にイチから説明するのも大変だし、自分でやってしまったほうが早いのでは？」と考え、抱え込みがちになります。

　しかし、抱え込んでばかりでは、自分の業務が次々と積み重なりパンクしてしまいます。「これではまずい！」と思い、いざ部下に声をかけてみたものの、部下も「今はちょっと忙しいです」という状況。

　業務の途中経過を部下に共有していないため、自分しかわからない状況になっていることもしばしばです。

②任せられるようになるために

　そこで、「依頼するにもまずは部下の業務状況を把握しなくては」と思い、部下と互いの業務状況を共有しはじめてみました。

　そうすると、部下の抱えている案件がわかるようになり、「今週やることになっていたあの仕事、いま落ち着いているかな。少しお願いしてもいい？」というように、部下の状況に応じて仕事の依頼ができるようになりました。

　反対に、私が抱えている業務も都度部下の皆さんに共有することで、助けが必要なときには「ちょっと皆、手伝って！」とお願いする場面もでてきました。

業務が雪だるま式に増えていったとき、部下にイチから説明し、正確に理解してもらうよりも、自分で作業したほうが早いと思い、結果、自分で自分を追い詰めてしまう状況が多々ありました。自分と部下の状況や能力などから、仕事の割り振りを総合的に判断しなければならず、難しいなと思っています。

上司になったばかりのときは、「部下も仕事を抱えていて忙しそう」、「自分でやったほうが早い」と思い、自分で手を動かしていたのですが、振り返ると「自分でさばきたい」気持ちも大きかったと思います。今は、部下に上手に仕事を振れるよう、意識を切り替えました。

(3) 部下との接し方で悩む！

①部下が何を考えているか、わからない

　ほかの上司の方と話をすると、「若い子たちが何を考えているかわからず、指導でどこまで言っていいのか不安。結局、部下にやさしくしなくてはと思い、修正も自分で引き取ってしまう」という声を聞くことがあります。

　たしかに、組織によっては40代ではじめて部下をもつ方もおられるでしょう。新規採用職員さんが配属されることもありますので、「世代が違う」と思う気持ちもわかります。

　私も、特に異動したばかりの頃は、部下とはお互い探り探りのところが多かったです。

　仕事を依頼する際も、部下の顔を見ながら「どう思っているかな。嫌に思っていないかな。『これくらい自分でやってほしい』と思われていないかな」と気になったりしています。

②割り切りも大切

　ただ、いくら悩んでも結局、相手が考えていることはわからないです。
「自分がどう思われているか」は気にはなりますが、次第に「仕事をするのに必要なら、言うべきことはちゃんと伝えよう」と割り切るようになりました。

　そう考え、上司として言うべきことは伝えてみると、部下も案外気にしていなかったりして、「自分が心配し過ぎなだけかな」と思うこともありました。
　逆に部下のほうから、「やさしいのはありがたいが、何も言われないのも、このままでいいのか不安になる。成長したいので、気になることは言ってほしい」と言われたこともあり、互いにコミュニケーションを取ることの大切さを感じました。

　一方、指導を終えた後で、「言い過ぎたかな」と思うことは多々あります。そのバランスは難しいですね。

> 係長１年目で、部下が複数人います。それぞれ個性豊かではありますが、それを生かせるかは自分次第に感じます。それぞれに合った指導をしたり、話すタイミングを考えたりしますが、こちらが気疲れするときもあります。部下と課長の間に挟まれ、どうふるまうか悩む場面もあり、日々探り探りです。

（4）妙案が思いつかない！

①部下と一緒に困ってしまう

　部下が「ちょっと悩んでいて相談なのですが」と、私のもとに厄介な案件を持ってやって来ます。

　「どれどれ。こうしたらよいのではないかな」、「なるほど、ありがとうございます！」。そんなやり取りをしたいところですが、話を聞いても解決策が思い浮かばないときがあります。

　「うん、難しいね」、「悩ましいですよね。どうしましょうか」、「そうだね、どうしようか……」。こういうときに上司として判断ができないのは、なかなか苦しいものです。

②引き出しを増やす

　こうした場合はごめんなさい、お手上げです。自分のところで判断できなければ、自分の上司である課長に判断を仰ぐようにお願いするしかありません。

　ただ、そんなとき課長に相談すると、自分が思いつかなかった考え方を示してくれることが多い。実力不足を反省しますが、非常に勉強になる瞬間です。

　以前、ある幹部と話をしたとき、「引き出しを増やす」という言い方をされていました。つまり、上司の仕事は、その場その場で判断をすることだが、それはそのときの思いつきではなく、自分が蓄えてきた選択肢からチョイスしていくものだということです。

　その際、「選択肢は多いほうがいいし、その選択肢をつくれるよう自分

の引き出しを増やしておかなければいけないね」と言われたことが、頭をよぎります。

上司になっても日々勉強だなと、気持ちを新たにします。

協議で答えを出せないと、自分の頼りなさを反省します。ただ、部下にとっては「悩んで上司に相談してみたけど、上司も困るくらい難しい案件なんだ」と部下の気持ちが楽になればいいなと捉え、逆に自分を慰めたりもします。

自分に知識がなく部下のほうが詳しい場合に、資料をちゃんとチェックしきれず、結果、幹部と協議したときにダメ出しをされることがあります。しっかりと勉強しなければと思いますね。

　　　　　　　　　＃自分の時間がない　＃動き方を変えてみた　＃交通整理の動き方
　　　　　＃自分で仕事を抱え込みがち　＃任せられるようになるため業務把握
　　　　　　＃部下の考えがわからない　＃割り切りも大切　＃思うことは伝える
＃妙案が思いつかない　＃引き出しを増やす　＃上司になっても日々勉強

第4章　私なりの上司実践　119

第5章

上司から部下への
メッセージ

上司になって部下と仕事をしていると、時々若い頃の自分を振り返り、部下に対して、「将来に向けてこういったことを考えておくといいのかな」、「こういうことを意識してはどうかな」と思うことがあります。

　それこそ、若手時代の仕事の仕方としてどのようなことを身につけるかは、前著『知っていると仕事がはかどる　若手公務員が失敗から学んだ一工夫』でお話しさせていただきました。
　他方、上司の立場になると、部下の方への期待も込めて、心構えなどもう少し違った目線でも考えたりします。

　思えば若い頃、偉い方がよく、「若手はこうあるべき」とお酒を片手に語っていました。若かった私は「時代が違う」と反発したときもありましたが、今では、こうした「気概」を語ってくれた先輩方のおかげで今の自分の仕事観がつくられているように思えます。

　「若い世代にどう思われるかな。説教くさいかな」とも思います。ただ、いろいろな人と話をすると、こうした上司から部下に仕事観を伝える機会も少なくなっている印象です。
　そこで本章では、私個人が部下の皆さんに「こうなってほしいな」と思っていることをご紹介したいと思います。上司の皆さんも、時々、こうしたお話を部下の方にしてはいかがですか。

(1) 心身ともに健康を心がけよう

まず、いい仕事は健康な心身からです。

栄養のある食事をとる、夜はしっかり寝る、規則正しい生活を送る。私生活のことなのでお節介かもしれませんが、これらは仕事でパフォーマンスを発揮するための要素だと思います。

たとえば、朝食。私も若い頃はギリギリまで寝ていたくて、朝食を抜くこともよくありましたが、食べる・食べないでは午前中のエネルギーが違います。

加えて、部下の皆さんが朝に眠そうにしていると、「昨日夜ふかししたのかな」と感じたりします。個人的には毎日ある程度同じ時間にベッドに入るよう心がけると、安定した生活につながりますよ。

また、最近では若い方のメンタル不調を聞くこともあり、胸を痛めています。身体面、行動面、心理面で「いつもの自分」と違うなと思ったら、強いストレスがかかっているかもしれません。私の場合は口内炎ができたりしますが、人によって違います。そんなときは意識的に休息を心がけてください。

そして、ストレスはため込まないようにしましょう。おいしいものを食べる、よく寝る、運動するなど自分なりのストレス解消法があるといいです。

周りに頼ることも遠慮しないでください。愚痴をいうだけで楽になることもあります。仕事以外にも、プライベートでつらいことがあって仕事が手につかないときは、話を聞きますので言ってくださいね。

大変なときもありますが、部下の皆さんには元気でいてほしいと願っています。心身ともに健康を心がけてもらえればと思います。

(2) 日々の積み重ねを大切にしよう

　次に仕事の心構えとして、日々の積み重ねを大切にしましょう。

　若手時代は、社会人の基礎体力をつける時期です。
　学ぶことも多いですが、確実に積み重ねることで、将来やりたいことができたとき、それを実現する力につながっていきます。反対に、基礎をおろそかにすると、応用力も十分身につかないように思います。

　また、周囲の人の仕事ぶりで「いいな」と思うものがあれば、積極的に取り入れてみてください。たとえば、会議の随行など上司のカバン持ちの場面では、上司の考え方やふるまい、説明ぶりを学べる絶好のチャンスです。私もはじめて議会対応をしたときは、まず近くの先輩にお願いして同行させてもらっていました。

　この「見て学ぶ」に関連した話をしますと、若手時代、上司から「2つ上の役職の動きを見る癖をつける」よう言われていました。皆さんにとっては、係長・課長補佐の上にいる課長のことですね。
　皆さんが直接協議する係長・課長補佐も「最終決定者である課長に了解をもらえるか」という観点で、話を聞きます。そうであれば、皆さんも課長を意識することで、案件をスムーズに通すのにつながると思います。
　何より、大きな視点で考えることは仕事のアウトプットを高め、上司になったときにも生きてくることでしょう。

　意識1つで学ぶことも変わり、それが積み重なることで力になっていきます。一歩一歩がんばりましょう。

(3) 自分なりの考えをもとう

　また、仕事に対しては自分なりの考えをもてるといいなと思います。

　若い頃は、事実・状況の説明までで精一杯。判断は上司に仰ぐことも多いでしょう。ただ、最終的に判断をするのは上司でも、一番情報が集まるのは担当者です。上司と部下では、もっている情報量も考える視点も異なりますので、現場に近い皆さんのほうがよいアイデアを思いつくこともあります。

　ですので、上司としては部下の意見は知りたいですし、私も「担当者としてはどうしたいと考えますか？」と聞いたうえで、ベストな判断をしたいと思っています。

　言い換えると、「自分ならどうするか」と当事者意識をもつということかもしれません。たとえば、何か課題に対応する際、上司に言われたとおりにするのも1つですが、「この課題を解決するために、自分ならどうするか」と考えてみてください。自分ごととして捉えたほうが、やりがいも感じられると思います。

　このように「自分だったらどうするか」と考え、上司の判断を助けてあげられれば、皆さんも成長しますし、信用されるようになります。
　先ほどの「2つ上の役職の動きを見る癖をつける」と併せて、頭に入れておいてもらえればうれしいです。

(4) 自分の仕事は自分でマネジメントしよう

　加えて、若い頃は上司が組み立てたスケジュールのなかで動くことが多いですが、だんだんと、自分の仕事は自分でスケジュール・段取りを組んで進められるようになってほしいと思います。

　というのも、仕事はやはり、自分で主体的に進めていくほうが、やりがいもあり楽しいです。外から来た案件に対して、スケジュールを引き、相手とキャッチボールしながら自分なりの案を検討する。そして、上司に協議して指示を仰いで進めていく。その一連のプロセスを自分で回せるようになってほしいと思います。

　ただし、これは、上司に言わずに「勝手にやっておいてほしい」ということではありません。最初に案件が来たときや、検討途中の適度なタイミングで上司に情報を入れるといった「報連相」をしながら仕事を進めてほしいと思っています。

　言い換えると、「自分の仕事を自分でマネジメントする」ということ。将来上司になったときも見据えて、意識してもらえればうれしいです。

(5) チームで働く意識をもとう

　そして、自分の仕事以外にも目を向け、チームで仕事をする意識をもってほしいなと思います。

　そのために、まずは自分の作業だけに集中するのではなく、職場を眺めてみましょう。「今、職場で何が起こっているのか」、「周りは何をしているのか」、「何を考えているのか、どういう感情なのか」など、周囲の雑談にもヒントが転がっています。アンテナを高く張ることは、自身の勉強にもいいですね。

　次に、仕事はチームワークです。大変そうな人がいたら「何かできることはありますか」と声をかけてみてください。資料を印刷・セットしたり、代わりに電話に出たり、忙しいときには簡単なことでもありがたいです。

　また、実際に手伝えることがなかったとしても、声をかけてもらった側は声をかけてくれた人のことを覚えています。今度は、皆さんが困ったときに助けてくれるかもしれません。

　個人的にも、チームの一人ひとりが自分の役割を果たそうとしつつ、自分だけでなくお互いを気遣うことを大切にしたいものです。その結果として、自然と声が出て、いい雰囲気で仕事ができる、そんな爽やかなチームを目指したいと思っています。

(6) 失敗や苦労も糧にしよう

　他方、嫌な上司に思うかもしれませんが、若い皆さんには、失敗や苦労もしてほしいと思っています。
　というのも私自身、若い頃はたくさん失敗しており、そこから多くのことを学んできました。
　部下の皆さんを見ていると、「転ばぬ先の杖」として事前に言ってあげたくなってしまいます。しかし、失敗したほうが自分ごととして反省もし、定着もするのではないかと思います。それこそ、私のなかでは「失敗＝ダメなこと」ではなく、「失敗＝成長の糧、より大きな失敗をしないための第一歩」と捉えています。

　また、「若い頃の苦労は買ってでもせよ」という言葉もありますが、泥臭くもがいた経験から得られたこともあったというのが、若手時代を振り返っての感想です。

　ただ、上司の立場では、プロジェクトに支障が出る失敗まではさせられません。私も若手時代、周囲の皆さんに失敗をカバーしてもらいました。今度は自分の番だと思っています。
　ですから、若手の皆さんは、失敗したら早めに相談してください。ミスをすると「もうダメだ」と落ち込むかもしれませんが、組織というのは強いもので、なんとかなります。

　若手時代は楽しい経験ばかりではありません。力不足の悔しい思いもして、それをバネに成長していってほしいなと思います。

(7) チャレンジして引き出しを増やそう

　次に、仕事外も含めてですが、若手時代はいろいろなことに挑戦してみてください。
　以前、部下の若手職員さんに、1か月ほど多忙な他部署の応援に行ってもらったところ、戻ってきたら何だか顔つきが変わっていました。目の前に与えられた作業をする日常から、自分で考えて行動しなければならない世界を経験し、自立心が芽生えたようでした。

　こうした応援以外にも、「おもしろそう」と思ったら何でも構いません。希望制の研修、業務外の地域づくり活動、プライベートの習いごと、旅行や読書まで、若手時代にいろいろなものに触れ、考える機会をもっておくことが、皆さんを成長させてくれます。

　また、「仕事だけではない」と思える居場所や仲間がいると、仕事がつらいときに心の支えになります。私も習いごととして茶道をしていましたが、たわいもないお喋りであったり、仕事とは関係ない人間関係であったり、「このままの自分でよい」という感覚が気持ちを楽にさせてくれるように思います。

　もちろん、チャレンジするなかでは、うまくいかずに悩んだり、失敗したりすることもあるでしょう。しかし、その経験は皆さんを一回り大きくしてくれます。
　そうした積み重ねが、皆さんの引き出しを増やし、仕事にも生きてくるのではないかなと思います。

(8) 個性を磨き、伸ばそう

　時々、周囲に流されず、上司に物怖じせずに強気な新人さんを見ると、「とがっていて、いいな」と感じます。
　その方に限らず、若手職員の皆さんには一人ひとりにカラーがあり、私としては、そのカラーを大切にしてほしいと思っています。多様性があったほうが、新しいものが生まれ、さまざまな課題への対応力もある組織になると考えるからです。

　ただし、これは皆さんが今のままでいいというわけではありません。若手の皆さんはまだまだ社会人としては粗いです。粗くとがっている青さも好きですが、実力が伴わなければやりたいことも実現できません。

　そこで、多くのことを学んで吸収し、そのとがりに磨きをかけましょう。「●●がやりたい」という思いに知識と能力が加われば、その実現可能性はぐっと高まります。そうした「思いをもち、かつ実現できる知識・能力も備えている社会人」をぜひ目指してほしいです。

　また、時々、「仕事ってもっと楽しく取り組んでもいいのでは」と思うときがあります。真面目に考え込んでしまうとどうしても正解を求めがちですが、必ずしもやり方は1つではなく、自分のカラー・考えを出せる場面もあります。
　自分なりに楽しみながら工夫して取り組むと、仕事におもしろさを見いだすことができるのではないかと思います。意識してみてください。

(9) 仕事に誇りをもとう

　最後に、仕事のやりがいにも通じるものですが、自分の仕事に誇りをもってほしいと思います。

　仕事が忙しいと、時々、何のためにその仕事をしているのかがわからなくなり、モチベーションに苦労することがあります。
　また、仕事ができる先輩や、忙しそうな同期、入庁前の自分が描いていた社会人像と今の自分を比較して、満足できず、焦ったりくさったりすることもあるでしょう。

　ただ、私たちの仕事は、社会の課題を解決したり、住民の暮らしを支えたり、誰かの仕事をバックアップしたりと、直接・間接はあっても人の役に立つものです。仕事の先に住民の方々の笑顔があると思えば、力が湧いてくるかもしれません。
　それは、住民のために役に立ちたい、地域をよくしたい——皆さんが公務員という職業を選んだときの思いにもつながると思います。

　そうやってときには初心に立ち返り、「何のために、誰のために働くか」を考え、少しでも前を向いて取り組んでもらえればと思います。

　　　　　　　　　　　　　　　＃心身ともに健康を　＃日々の積み重ねを大切に
　　　＃2つ上の役職の動きを見る癖を　＃自分なりの考え・当事者意識をもつ
　　　　　　＃自分の仕事は自分でマネジメント　＃チームで仕事をする意識
　　　　　　　　　　　　＃失敗や苦労もしてほしい　＃積極的にチャレンジを
　　　　　　　　　　　　　　　＃個性を磨き、伸ばそう　＃誇りをもとう

部下への寄せ書き

焦らずじっくりと

社会人生活は長いです。一つひとつのことを丁寧に積み重ね、焦らずじっくり成長していってほしいと思います。また、私の上司はよく「仕事は真面目に、謙虚に、楽しく」と話しており、若手職員の皆さんにも意識してほしいです。

期待を上回ってほしい

私は今、観光誘客の仕事をしていますが、いかに相手の心を動かすかを考えています。それはつまり、いかに期待を上回るかということ。若手職員さんにも、細かなことでいいので、期待を上回ってほしい。自分なりの一工夫を加えてほしいなと期待しています。それが私のなかでの一流の仕事です。

互いにポジティブなコミュニケーションを

上司として、褒める・労うことを大切にしていますが、これは、上司から部下だけのものでもないように思います。同僚同士でも「迅速に対応いただき、ありがとうございました」、「よい資料ですね」といったやり取りはありますし、部下から上司、後輩から先輩へも、「アドバイスありがとうございます」と一言添えると、受け手もうれしくやる気がでます。若手職員の皆さんもポジティブなコミュニケーション、やって損することはないので意識してみてください。

懐かしい時代の働き方

昔の財政部署は、忙しいシーズンになると夜遅く皆で夜食を食べたりしていました。そうしていると、「同じ釜の飯を食う」何とも言えない一体感がチームに生まれます。雑談のなかで、迷いへのアドバイスをもらったり、同僚の進捗に焦りを感じ、ペースを上げないとまずいと思う時間でもありました。

仲間でもありライバルでもあったメンバー。皆と過ごした日々が、今の自分の一部をつくっています。昔話でしたが、今の時代に合ったアドバイスの機会や互いに高め合う雰囲気のある組織づくりを目指したいものです。

小さく仕事をまとめないで

　若手時代のミスはそこまで深刻にならないものも多く、周囲もフォローしてくれます。だからこそ、ミスをたくさんしてほしいと思います。ミスを恐れて波風が立たないよう小さく仕事をまとめることは、「よい仕事」ではありません。がんばってください。

好奇心のすすめ

　私は若手職員の頃にIT、法律、語学などの資格試験を受けるのを趣味にしていました。学生時代と違い、社会人になってからの勉強は自分のペースででき、知的好奇心が満たされます。

　また、得られた知識が実際の仕事や生活のなかで役立ち、モチベーションも維持しやすいです。ベテランとなった今でも、時々資格試験にチャレンジしようと思っています。

自分なりの楽しさを

　一見すると嫌に思う仕事も、楽しみを見つけられるとがんばれたりします。たとえば、小さなことでもいいので、自分なりに工夫してみてはいかがですか。

　「去年はこうだったけど、よりよくするために今年はここを変えてみた」、「自分なりにこの部分はこだわりたい」と思いをもって仕事をすると、やりがいもあり楽しいですよ。

おわりに

ここまでお読みくださり、ありがとうございました。

本書を振り返って

あらためて本書のキーワードを振り返ってみましょう。

1つ目は、「多様性」。
皆さんにはカラーがあり、そのぶん、なりたい先輩・上司像もそれぞれでいいと思います。そうした多様な人材がいることで、さまざまな課題に対応できる"厚みのある組織"になっていきます。

2つ目は、「言語化」。
そんな多様な先輩・上司像に皆さんが近づけるよう、本書では仕事の仕方の言語化に取り組みました。特に、先輩・上司のふるまいとしてフレーズを多めに紹介し、すぐ実践に移せるよう工夫しています。

3つ目は、「成長」。
本書ではエピソードを多く盛り込み、皆さんが先輩・上司に成長していくイメージができるよう心がけました。
また、本書の裏テーマは「お互いを知る」。上司・部下が互いを思いやり、同じ方向を向くことで、ともに成長していけるきっかけになればと思っています。

上司のやりがいって何だろう

皆さんのなかには、「上司って大変そう」、「上司になりたくない」と思われる方もいるかもしれません。そうした不安をできるだけ軽くできれば

と、本書では上司の仕事の仕方についてお話ししてきました。

　一方で、ポジティブな視点でも上司の仕事を捉えたいと思っています。
　実際、私も上司になって大変なことはありますが、仕事の幅が広がり、新たなやりがいも感じています。

　1つ目は、自分で考え、決めて進める範囲が広がることです。
　若手の頃は、決められた枠組みで仕事をすることも多いですが、上司になると、その枠組み自体を考える企画・立案業務の比重が増します。
　若手時代の経験も生きてきますし、自分の発言の重みや裁量が増しますので、政策立案・方針決定により深く関われるようになります。

　2つ目は、チームで大きなことを達成できることです。
　部下との関係に悩むこともあるかもしれませんが、チームなら、1人ではできない大きいプロジェクトを進めることができます。
　また、上司・部下で意見を出し合うことで新たな発想が生まれ、仕事の質も高まっていくように思います。

　そして3つ目は何より、部下の成長を見られることです。
　若手時代とは違い、プレイヤーとして直接事業を動かす機会は減りますが、部下が頼もしくなっていく姿を見るのは喜ばしいものです。
　それこそ、4月は緊張し、オドオドしていた部下が、1年経ち自信をもって事業を進めている姿を見ると、上司としては頼もしく、そして誇らしく感じます。

　本書を読まれている上司の皆さんは、いかがでしょうか。

上司の背中

　前著の出版後、さまざまな組織の人材育成担当の方とお話しする機会をいただくなかで、「上司とのコミュニケーションで悩んでいる部下が多い」、「他方で上司になることに不安な職員も多い」という声をよく聞きました。

　「難しい課題だが何かできないか」と思っていたところ、たまたま、版元であるぎょうせいさんから「１作目の若手時代のステップアップ編として、先輩・上司の心構えを書いてみませんか。急に立場が変わり、指導に悩んでいる声を多く聞きます」とお話をいただき、本書の企画がスタートしました。

　最初は「先輩・上司としてどう振る舞うか」という視点で企画書を書きはじめます。
　しかし、これまで出会った先輩・上司を振り返るにつれ、「これは１つしか答えがない話なのだろうか」、「いろいろな先輩・上司がいたほうが厚みのある組織になるのでは」と思うようになります。
　その結果、「さまざまな先輩・上司のエピソードを中心にし、そこから自分なりの先輩・上司像を描ける本にできないか」と、本書の骨格ができ上がりました。

　次に、いざ企画書をもとに本文を書きはじめると、先輩・上司の一方ばかりに焦点を当てて「こうすべき」と求めるのにも、少しばかり違和感を覚えます。
　「仕事はチームで進めるもの」、「そうであれば、先輩・上司にばかり求めるだけでなく、お互いの考えを知ることも大切ではないか」。
　そう考えるようになり、「先輩・上司を切り口にしながらも、先輩・後輩、上司・部下がともに読んで、互いの理解につながる本を書けないか」

という本書の裏テーマにつながりました。

　そうしたことから、ほかのビジネス書とは異なり、1つの答えを示すわけでもなく、また、章によって立場が変わってわかりにくい部分もあったかもしれません。
　ただそれも、現在進行形で、悩みながら上司を実践している立場だからこその視点ではないかと思いますので、ご理解いただければ幸いです。

　そして、本書は、ぎょうせいさんはもちろん、多くの方々にフィードバックをいただいて完成しました。
　エピソードを大切にしたかったため、先輩・後輩、上司・部下とさまざまな立場の方々にそれぞれの経験や実践をお寄せいただきました。そんな皆さんのおかげで、彩り豊かな本ができたと思っています。
　この場をお借りして、最大限の感謝をお伝えさせてください。

　最後に私自身のことですが、若手時代にいろいろな上司の背中を見てきた自分が、今度は若い世代に背中を見せる番になりました。
　もちろん、自分自身も満足にできているわけではありません。悩んだり、失敗したりすることも多いです。

　しかし、後輩が見ているなら、前を向かなければとも思います。

　「後輩たちが、『この仕事っておもしろいかも』と思ってもらえるような"上司の背中"を見せられるようになりたい」
　そう自分を奮い立たせ、また今日もがんばろうと、自分自身へのエールとともに、この本を締めくくりたいと思います。

　ありがとうございました。

付　録　　読書のおさそい

　前著でも、若手職員さんからの「おすすめの本を知りたい」という声を受け、私が個人的に心に残った本を紹介させていただきました。
　本書でもいくつかご紹介しますので、よろしければ手に取ってみてください。

＜仕事についてもっと考えたい＞
　『官僚が学んだ究極の組織内サバイバル術』久保田 崇（朝日新聞出版）
　『地方公務員の新しいキャリアデザイン』小紫雅史（実務教育出版）
　『明るい公務員講座　管理職のオキテ』岡本全勝（時事通信社）
　『公務員の「課長」の教科書』松井 智（学陽書房）
　『40歳を過ぎたら、働き方を変えなさい』佐々木常夫（文響社）
　『「人の上に立つ」ために本当に大切なこと』ジョン・C・マクスウェル＝著　弓場 隆＝訳（ダイヤモンド社）

＜気分転換にホッと一息＞
　『わたし、定時で帰ります。ライジング』朱野帰子（新潮社）
　『あしたの官僚』周木 律（新潮社）
　『日日是好日　「お茶」が教えてくれた15のしあわせ』森下典子（新潮文庫）
　『くちびるに歌を』中田永一（小学館文庫）
　『やめるときも、すこやかなるときも』窪 美澄（集英社文庫）
　『君の膵臓をたべたい』住野よる（双葉文庫）

参考文献

『部下の哲学　成功するビジネスマン20の要諦』江口克彦（PHP文庫）
『マンガでわかりやすい　ストレス・マネジメント』大野裕＝解説・監修（きずな出版）
『明るい公務員講座　管理職のオキテ』岡本全勝（時事通信社）
『明るい公務員講座　仕事の達人編』岡本全勝（時事通信社）
『100％仕事で折れない　感情マネジメント』神谷海帆（Clover出版）
『嫌われる勇気　自己啓発の源流「アドラー」の教え』岸見一郎・古賀史健（ダイヤモンド社）
『官僚が学んだ究極の組織内サバイバル術』久保田崇（朝日新書）
『地方公務員の新しいキャリアデザイン』小紫雅史（実務教育出版）
『プレイングマネジャー　「残業ゼロ」の仕事術』小室淑恵（ダイヤモンド社）
『管理職1年目の教科書』櫻田毅（東洋経済新報社）
『40歳を過ぎたら、働き方を変えなさい』佐々木常夫（文響社）
『「人の上に立つ」ために本当に大切なこと』ジョン・C・マクスウェル＝著　弓場隆＝訳（ダイヤモンド社）
『この1冊ですべてわかる　コーチングの基本』鈴木義幸＝監修　コーチ・エィ＝著（日本実業出版社）
『ブラック霞が関』千正康裕（新潮新書）
『パワハラ上司を科学する』津野香奈美（ちくま新書）
『高校生からのリーダーシップ入門』日向野幹也（ちくまプリマー新書）
『コーチング以前の上司の常識　「教え方」の教科書』古川裕倫（すばる舎）
『1on1ミーティング　「対話の質」が組織の強さを決める』本間浩輔・吉澤幸太（ダイヤモンド社）
『公務員の「課長」の教科書』松井智（学陽書房）
『働き方の哲学』村山昇・著　若田紗希・絵（ディスカヴァー・トゥエンティワン）

＊本書は、筆者の周辺の公務員の方々に事前に原稿を読んでいただいたうえでご自身の上司・部下、先輩・後輩のエピソードをお寄せいただき、盛り込んでいます。紹介したエピソードは、読者の皆さんにわかりやすく伝える観点から、文章の加筆修正や、複数人のエピソードを１つに集約するなど編集のうえ掲載しています。

著者略歴

芳賀健人（はが・けんと）

福島県出身。東京大学経済学部卒業後、平成25年に総務省に入省し、自治税務局、長崎県、大臣官房、自治行政局で勤務。平成31年4月から令和5年3月まで島根県に出向し、出向中に『知っていると仕事がはかどる 若手公務員が失敗から学んだ一工夫』（ぎょうせい）を出版。高等学校教諭一種免許（公民）取得。

自分も後輩も一緒に育つ
若手公務員がはじめて仕事を教えるときの一工夫

令和6年9月10日　第1刷発行

　　　著　者　芳賀　健人
　　　発　行　株式会社ぎょうせい
　　　　　　　〒136-8575　東京都江東区新木場1-18-11
　　　　　　　URL：https://gyosei.jp

　　　　　　　フリーコール　0120-953-431
　　　　　　　ぎょうせい　お問い合わせ　検索　https://gyosei.jp/inquiry/

〈検印省略〉

印刷　ぎょうせいデジタル株式会社　　　　　　©2024　Printed in Japan
※乱丁・落丁本はお取り替えいたします。
ISBN978-4-324-11380-6
(5108931-00-000)
〔略号：教える一工夫〕